T0355282

THOREAU

YOGUI DEL BOSQUE

Colette Poggi

THOREAU
YOGUI DEL BOSQUE

ILUSTRACIONES DE ÉMILIE POGGI

Título original: *Thoreau, yogi des bois*
© Éditions des Équateurs / Humensis, 2023
Publicado en español por acuerdo con Casanovas & Lynch Literary Agency S.L.
Texto © Colette Poggi
Ilustraciones © Émilie Poggi

© Ediciones Koan, S.L., 2024
c/ Mar Tirrena, 5, 08912 Badalona
www.koanlibros.com • info@koanlibros.com
ISBN: 978-84-10358-09-6 • Depósito legal: B-18556-2024
© de la traducción del francés, Marta Armengol Royo, 2024
Maquetación: Cuqui Puig

Impresión y encuadernación: Imprenta Mundo
Impreso en España / *Printed in Spain*

1ª edición, noviembre de 2024

Breve apunte sobre la pronunciación de los términos en sánscrito

ā, ī, ū	se corresponden con vocales largas		
au	mauna	=	m*a*ona
g	yogui	=	yogui
c	brahma*cā*rya	=	brahma*chā*rya
j	jagatī	=	*y*agatī
s	rasa	=	rassa

Prólogo

vrai, aventure, don, ray, du, ha, hi

verdad, aventura, don, red de pesca, du, ha, hi
(ray, en francés: red cónica de pesca de malla muy fina)

«Abrirse a la vida.»

(*Walden*)

Érase una vez un personaje muy curioso, un hombre de letras que hablaba con las ardillas y las aves, un pino solitario, un alce con pluma de poeta. Un buen día, el joven decidió dejarlo todo para irse a vivir solo entre los árboles, en una pequeña cabaña a la orilla de un lago, igual que un filósofo yogui:

«Me fui al bosque porque quería vivir de forma concienzuda, enfrentarme solo a los hechos esenciales de la vida, descubrir lo que esta tenía que enseñarme para no descubrir en el momento de mi muerte que no había vivido [...]. Quería exprimir la vida hasta el tuétano [...], ahuyentar todo lo que no fuera vida.»

(*Walden*)

Fue un día de julio de 1845, y para experimentar a fondo esta experiencia, tan sencilla y extraordinaria a la vez, decidió escribir a diario lo que le pasaba, lo que hacía, lo que aprendía. Unos meses después de su traslado anotó esto, inspirado por el murmullo nocturno, sin duda a la luz de una vela o bajo el fulgor de las estrellas:

«La verdadera cosecha de mi vida cotidiana es, en cierto sentido, tan intangible e indescriptible como los matices de la mañana o del atardecer. Es un puñado de polvo de estrellas lo que he conseguido atrapar, un pedazo de arcoíris al que he podido aferrarme.»

(*Walden*)

Henry David Thoreau, desde su refugio alejado de la gente y de la ciudad, con los árboles, los animales y los arroyos por toda compañía, nos habla de una felicidad inefable. Habla tan bien de la experiencia que hasta los amantes más inflexibles de la vida urbana se sentirían tentados a seguirlo. Nacido en 1817 en Concord, cerca de Boston, fue un alumno brillante que parecía predestinado a ocupar la dirección de la fábrica familiar. Sin embargo, una intuición íntima lo condujo por otros derroteros: la naturaleza como camino hacia el autoconocimiento, la literatura oriental como prisma por el que ver el mundo, la exploración de la realidad en todas sus dimensiones (cielo, tierra, fauna y flora...) y, sobre todo, la unión del yo con el universo.

«¿Acaso no soy yo también en parte hojas, tierra, plantas?», escribió en 1847 en *Historia de mí mismo*, texto de una conferencia sobre los orígenes de *Walden*. No se siente ajeno a nada: piedras, aves, árboles, viento. Todo es flujo y reflujo. Todo es Uno. Todo simboliza el infinito. En Walden, Thoreau trabaja descalzo en el huerto, se baña en el estanque todo el año, como si quisiera mezclarse mejor con los elementos, unirse a lo Vivo. Vivir el acuerdo tácito con el orden de todas las cosas, con lo original, experimentar la unidad entre cuerpo y alma, la unidad de los elementos (tierra, agua, fuego, aire, éter), conectarse con lo Vivo (lo animal, lo vegetal, lo espiritual), combinar interior y exterior, microcosmos y macrocosmos, sentir lo que respira, lo que piensa, lo que imagina, lo que percibe, lo que contempla: ese es el sentido supremo del yoga. Con su forma de aprehender la existencia, Thoreau nos ofrece una nueva manera de estar en el mundo.

El gran interés «yóguico» de las confidencias de Thoreau surge de su relación con la vida, con la percepción de las cosas, con lo vivo. No lo satisface ver las cosas desde fuera, apreciarlas o rechazarlas. Su lectura es más profunda, puesto que toma conciencia de estar viviendo una experiencia. Así se genera un espacio de calma entre la marea de los fenómenos permanentes y la luz íntima del alma. Bajo esta luz, es un yogui en el sentido estricto de la palabra: se vincula, está conectado con las nubes, la tierra, la nieve, el zorro o la araña. Y consigo mismo como sujeto vibrante en quien fulguran estas impresiones. Su perspectiva es un antídoto a la indiferencia en todos los aspectos. A su manera, Thoreau es un yogui, pues tiende hacia la unidad perfecta con la realidad. Su sed de plenitud rima con el placer de la plenitud que saborea, sentado al borde de un acantilado al alba o siguiendo el rastro en la nieve de un zorro travieso.

Percibe, como un vigilante maravillado, el esplendor de la vida que todo esto desprende. No desea nada, vive en el momento, en lo imprevisto, no retiene nada, venera el impulso de la intuición. Robinson, Robin de los bosques, con una desenvoltura alegre, con una audacia infantil. En su caso, la vida se suelta de la red del pensamiento. No aspira a otra cosa que a dejarse sorprender, sin ataduras. La embriaguez de lo inesperado, de lo espontáneo, azuza en él el sentimiento de sentirse plenamente vivo. Y alcanza con ello una complicidad perfecta con la Vida cósmica. La voz de este yogui del bosque consiste en estar intensamente conectado con la vida en el sentido original. ¿Acaso es esa una aspiración distinta a la de los «silenciosos» (*muni*) del *Upanishad* o de las enseñanzas de la *Bhagavad Gītā*? Con una vida interior intensa y una imaginación siempre alerta, Thoreau nunca se deja invadir por la monotonía. Se maravilla ante un copo de nieve que se le posa en el hombro, ante el cielo estrellado que ve por el hueco de la chimenea. A veces incluso mete la cabeza entre las piernas para ver el cielo al revés. Con una posición distinta, llega una perspectiva distinta.

En Walden, la nieve, la escarcha, la niebla, como artistas mágicos, revelan el verdadero esplendor de la vida y otorgan al entorno material una grandeza espiritual. Buscar, comprender, descubrir, inventar, admirar, contemplar. No es de los que se contentan con ideas, sino que pone en práctica, vibra al compás de la Tierra, del río, del bosque. Con él, estar vivo es una experiencia total: cuerpo, aliento y alma unificados y henchidos de alegría. Remontar el río sobre un bote, plantar judías y maíz, rebelarse contra la esclavitud aún vigente en el estado de Massachusetts. Ese afán por dar con la verdad de las cosas tras las apariencias se convertirá para siempre en la causa fundamental de su vida. ¿Y qué decir del espectáculo del alba o de la Vía Láctea? Thoreau es un ermitaño asombrado que no se queda en la superficie de las cosas: las vive con plena conciencia, saboreándolas como un *gourmet*. Deja que su alma fluya al ritmo de la Vida, acoge los ecos que surgen en su interior. Al divisar un pez que nada bajo el hielo, su imaginación lo transforma al instante, el estanque se convierte en un coloso de piel de hielo que durante el deshielo primaveral se hace oír mediante chasquidos. Y lo mismo con unas pisadas en la nieve, una sombra furtiva en el bosque. A su nacimiento le fue conferido el don innato de la poesía; oye la voz de los elementos, tierra, agua, aire. Mejor dicho, les habla. ¿Conoce el mantra del viento y del agua serpenteante? Un profundo vínculo lo une a ellos, se expande mediante el contacto con ellos. Respira su vida invisible, su energía salvadora extraída de la vibración original. El río de los instantes corre por su interior y le susurra un canto constante de despertar.

Ya de niño, fascinado por los nativos estadounidenses, jugaba a los indios con su hermano mayor. Si hubiera vivido en otro lugar, es indudable que los aborígenes australianos o los dogones africanos lo habrían apasionado de la misma forma. De adulto, siguió alimentándose del imaginario amerindio, aspirando a vivir en libertad al aire libre, cerca del mundo salvaje y de los indígenas.

Thoreau, el solitario inconformista, el sabio que escuchaba el viento y las aguas con el alma encendida. Escapa a toda escuela y de toda etiqueta, se opone con firmeza a la hipocresía de los buenos modales y a la mediocridad de las apariencias civilizadas. Niega todo confinamiento del cuerpo y el alma. Nos pone en guardia contra las derivas de la tecnología, de la medicina, de la deforestación, de la urbanización... Pero su paso al costado, a Walden, no es una huida. Como un arqueólogo de su vida interior, anota minuciosamente impresiones, ideas, posturas sobre el mundo que cambia a su alrededor. Henry David Thoreau es un hombre de su época y desde luego también de la nuestra. Un visionario que anticipó numerosos problemas sociales y ecológicos que hoy en día son acuciantes. Comprometido también con las luchas en defensa de la justicia, la verdad y la libertad. Para él, los obstáculos son también retos de los que extrae una increíble fuerza vital, incluso de supervivencia. Y algunos de sus grandes valedores, entre los que encontramos nombres ilustres, se lo tomaron muy en serio. Fue una inspiración para Gandhi, Martin Luther King, Jalil Gibran, autor de *El jardín del profeta,* y, en años más recientes, para la activista ecofeminista india Vandana Shiva, entre muchísimos otros ecologistas, además del personaje de *Hacia rutas salvajes,* una novela publicada en 1996 que Sean Penn adaptó al cine en 2007 y predica el espíritu de resistencia contra el gobierno y la vida en plena naturaleza en la Alaska salvaje. Podríamos citar también a filósofos partidarios del decrecimiento y de la ecología como John Burroughs, John Muir, Sandra Laugier, exponentes de la ecopoesía como Kenneth White o Walt Whitman, además de muchos

escritores que celebran la naturaleza, entre los cuales encontramos a Jim Harrison, Edward Abbey, Richard Powers, David Vann o Gabrielle Filteau-Chiba.

¿Cómo empieza esta aventura? Fue su amigo Ralph Waldo Emerson quien le cedió un terreno alrededor de un lago perdido en mitad del bosque. Desde el momento en el que, a los veintisiete años, tomó la decisión de instalarse en Walden, David Henry Thoreau se convirtió en Henry David Thoreau. La inversión de los nombres de pila da a entender sin duda que para él se trataba de un retorno a una dimensión hasta entonces oculta de su personalidad, más introvertida y verdadera, anclada en el original. ¡La cuestión es que supo redirigir su vida hacia un destino que claramente le parecía más emocionante que el de maestro o empresario! Cambió su vida de adinerado americano blanco por la de ermitaño autosuficiente y amigo de los indígenas. Durante dos años, dos meses y dos días, su único reloj fue el de las aves y el cielo. A partir de entonces se convirtió en eterno aprendiz de la vida, en la naturaleza y en la escritura de su diario, y en inventor de momentos mágicos, pues su mirada sabía revelar la extrañeza, la belleza de lo que es. Su único deseo era desempeñar su papel de forma justa, y en eso también fue un yogui auténtico, obedeciendo al *dharma*, el orden universal de las cosas, la armonía cósmica.

Tres únicas sillas presidían la cabaña que había construido con sus propias manos: «una para la soledad, dos para la amistad y tres para la sociedad», decía con una sonrisa de anacoreta amistoso, ya que a veces apreciaba largas conversaciones filosóficas o políticas con invitados bien escogidos. «Fortalecer las fibras del pensamiento de los hombres...», esa era su utopía. Escuchaba el mundo dentro de sí mismo como un centinela. A través de sus textos transmite un mensaje de alcance universal. Nos enseña a mirar, a actuar, a respirar y tal vez a encontrar nuestra luz interior, en cualquier lugar o en nuestro cuerpo. Nos infunde valentía y discernimiento para navegar por las turbulencias del *saṃsāra*. Vivimos como briznas de hierba ínfimas zarandeadas a una velocidad vertiginosa en un mundo cambiante. Para superar este reto, Thoreau ha marcado el camino: desarrollar una visión global, alimentarse de la riqueza de las distintas culturas (como, por ejemplo, la de los nativos estadounidenses) y vivir en sincronía con la naturaleza, al ritmo de las estaciones. Así fue como consiguió vivir durante dos años en los bosques de Walden de lo que él mismo producía, de manera modesta pero suficiente.

Ya nada es como antes. ¡Es el fin! Tal vez, pero se trata, sin lugar a duda, de un fin entre miles de millones de otros. Basta con contemplar el cielo estrellado. Igual que los astros y las constelaciones, todas las cosas de nuestro planeta, visibles e invisibles, están interconectadas. Una mirada lúcida sobre el universo nos revela la unidad global de la humanidad, y aún más, la de la humanidad en el seno de la Naturaleza. En lugar de sumirnos en el abatimiento, escuchemos el latido de la vida que aún baila dentro de nosotros y a nuestro alrededor.

Las páginas que siguen no tienen otra pretensión que dar la palabra al yogui del bosque. A través de su estilo lleno de entusiasmo y de la precisión de sus observaciones, Henry David Thoreau describe escenas inolvidables de la naturaleza de las que él es uno de los escasos testigos en sus escapadas silvestres. Lejos de todo, por fin ve, por fin escucha y se sumerge en el asombro que brota de su interior. Se convierte en un hombre auténtico, abierto a lo universal. Creo que puede convertirse en un amigo, un guía para nosotros, sin ningún imperativo de imitarlo, claro. Cada ser es único y tiene que encontrar su propio Walden, su yoga, ajustarse al mundo y a sí mismo. El esfuerzo y el discernimiento se ejercen de forma distinta en la vida de cada persona, pero están siempre presentes. Para Thoreau fue la soledad del bosque, pero para ti, para mí, la aventura comienza de una forma distinta. «Cada ser razona de acuerdo con su propia naturaleza» (*Breve tratado del lenguaje y de las cosas*, de los textos de Zhuangzi).

¿Cuál es mi bosque? Los libros de sánscrito, de filosofía, de poesía. Para otros, las ecuaciones sobre el universo o la investigación de grutas submarinas. También puede ser otro lugar. Establecer un contacto con cualquier dominio, ese es el yoga verdadero. Y a nosotros, las yoguinis y los yoguis de ciudad o de campo, ¿qué bosque nos acogerá? En este caos vertiginoso, ¿en el espejo de qué estanque conseguiremos mirarnos por fin?

Para sobreponernos a estos tiempos convulsos, Thoreau nos acompaña por el camino a la orilla del estanque transparente de Walden o por el misterio del bosque. Experimentemos el momento presente, descifremos el lenguaje de la creación, recuperemos la sabiduría innata en todos los seres y emprendamos nuestra búsqueda de la sencillez. Allí donde brota la flor de la verdad, sea en Oriente o en Occidente, con pena o alegría, él la contempla. Así que nosotros también, como esos niños a los que enseña a caminar, a pescar, tanto como les enseña literatura o matemáticas, dejémonos arrastrar en esta aventura. ¡Da igual si practicamos yoga o senderismo, si hemos alcanzado la madurez o aún estamos verdes, compartamos y mezclemos los perfumes de nuestros recuerdos con los de Thoreau! Avivemos este deseo contagioso de descubrimiento y de unión con la vida que es el yoga. Ante turbulencias, tormentas, granizo, la superficie arrugada de los sucesos, con serenidad o plenitud, en este gran remolino, Thoreau se deja guiar por su alegría y su fe indefectibles en lo que nos rodea: tierra, cielo, cuerpo, anfitriones de los lagos y de los bosques. Ese es su yoga.

Partir para descubrir la vida, darse la libertad de reinventarse, de explorar en profundidad lo que somos, aprender mil cosas. ¡No resignarse nunca! Esa es la intención que se declara desde las primeras páginas de *Walden*. Más que nunca, es algo que tiene mucho sentido para quienes vivimos «en el seno de este mar agitado de la vida civilizada» (*Walden*). Thoreau no es ni profesor ni maestro, sino un compañero de ruta, un guía que encontramos en las encrucijadas, cuando más lo necesitamos. Nos da la mano, pero si le preguntáramos: «¿Cuál es el camino?», él respondería: «¿Por qué y cómo ponerse en camino?». Las páginas escritas por Henry David Thoreau, como todas las obras llenas de inspiración, resuenan de distintas maneras según el momento de nuestra vida y la profundidad de nuestras expectativas. Al terminar este recorrido en su compañía, podremos preguntarnos: ¿qué efecto ha tenido en mi vida? Se dirige a nosotros desde el lugar en el que se encuentra interiormente, no como estadounidense, sino como ser humano que aspira a lo universal. Nos habla desde la linde entre dos mundos, dos épocas, negándose a ser cautivo de una clase social, una época o una civilización. Lejos de un modo de vida convencional, aspira a una vida a la vez occidental y oriental, lo más cerca que pueda de la naturaleza y de sus amigos, los indígenas y los árboles.

Sigamos los pasos de este gran filósofo, escritor, poeta, ecologista, que era también yogui sin saberlo, caminante infatigable, poco inclinado al abatimiento, cultivando el arte de desagradar. Reticente a la «normalidad patológica», da un paso al costado sin dejar de participar en los grandes debates sociales. Si viviera hoy, ¿qué pensaría del estado de nuestro planeta? ¿Por qué su voz resuena con tanta fuerza hoy en día? De siglo en siglo, su palabra es un soplo de libertad, repleta de humanidad, un alegato apasionado en favor de una relación directa y respetuosa con todo lo que vive y con el cosmos. Una sabiduría asombrosa muy cercana a la que imparten los grandes maestros del yoga. Amigo de las plantas y de los animales, los toma como guías para iniciarse en el arte secreto de la unión y nos transmite su sabiduría. Igual que ellos, no posee más de lo estrictamente necesario: un bote, una cabaña y, a veces, una cama de helechos. Y podría apropiarse de esta afirmación:

«¿Qué es la vida? Es el resplandor de una luciérnaga por la noche. Es el aliento de un bisonte en invierno. Es la sombra diminuta que corre por la hierba y se pierde en el crepúsculo.»

(Pieds nus sur la terre sacrée
[«Pies descalzos sobre la tierra sagrada»])

EL YOGUI DEL BOSQUE

El yoga de Thoreau es un viaje interior hacia el conocimiento, el asombro, el amor por los «seres de la naturaleza». Es también un yoga activo por la práctica cotidiana (cultivar, cocinar, andar, nadar, trabajar la madera...) además de por su compromiso en la vida sociopolítica en favor de causas muy importantes (contra la esclavitud, contra la guerra, en defensa de los nativos estadounidenses). A pesar de que se aparta del mundo en los bosques de Walden de 1845 a 1847, nunca deja de participar en los debates de su época a través de artículos y conferencias. No es ni un tibio ni un soñador timorato, sino un *vīra*, un «audaz», otro nombre para el yogui con los pies en la tierra y la cabeza en las estrellas. A lo largo de sus textos, Thoreau también manifiesta ser un *vipra*, aquel cuya alma vibra, arquetipo del yogui. Ese nombre calificaba en la antigüedad a los poetas inspirados por los Vedas (milenio II a. C.), que celebraban los poderes cósmicos de la tierra, del agua, de los árboles, del sol, de la luna y de las estrellas. De la misma manera, Thoreau nos permite descubrir el yoga en la vida, como los verdaderos yoguis tántricos que unían su lucha por la liberación con la experiencia del mundo «con conciencia», el conocimiento con la acción. Este yoga inspirado por la *Bhagavad Gītā* y por el *Manusmriti* (*Código de Manú*) se manifiesta de tres formas: la práctica de la sencillez, la intuición de la unidad universal, la catarsis que permite una mayor sensibilidad ante la belleza de la naturaleza. La tríada sencillez-unidad-belleza confiere al yogui del bosque un poder de metamorfosis que ha atravesado el tiempo y el espacio para alcanzar a gente como Gandhi, Martin Luther King, ¿y quizá a nosotros también?

I

El yoga de la sencillez

vérité, heur, rayon, dana, de, oh, ha

verdad, buena suerte, rayo, dana, de, oh, ha
(dāna, en sánscrito: generosidad, don)

A los veintisiete años, Henry David Thoreau deseaba una sola cosa: llegar hasta el fondo de la vida, a la verdad, no dejarse constreñir por límites estrechos. Se siente llamado a una vida más vasta, una vida de experiencia y descubrimiento. El 4 de julio de 1845, el día en el que se celebra la Independencia —¿acaso es una señal?—, decide instalarse en Walden, sin vecinos en una milla a la redonda, para saborear plenamente lo que significa «vivir», como él dice. ¡Cuántos de nosotros soñamos con dar ese paso al costado! Abandonar de repente las calles grises por un sendero perfumado, o incluso el camino de todos los días del pueblo por el mar, el desierto o el Himalaya. Lo que cambia, al fin y al cabo, no es tanto el paisaje exterior como el interior. Como a través de un juego mimético, ante un gesto exterior, nuestro espacio interior se transforma.

1. Un paso al lado

¿Por qué Walden? No es ninguna casualidad. Hay un vínculo misterioso entre este lugar concreto y la personalidad del joven Henry David, graduado de Harvard, apasionado de la poesía y sabiduría antiguas. El arrebato de los árboles, la profundidad del estanque que refleja el cielo tejen sus energías invisibles. Él las experimentará, en su cotidianeidad, como un ritual. Igual que un aprendiz de yogui, debe encontrar un lugar puro, luminoso, apacible. La calidad de la práctica, sobre todo al principio, se beneficia mucho de la claridad de un lugar y de sus impulsos beneficiosos. Estos preceptos se encuentran en varios tratados, como la *Hatha-yoga-pradīpikā*, la *Bhagavad Gītā* o el *Código de Manú*, que Thoreau mete en el hatillo que se lleva a Walden. Por la *Gītā*, un poema épico indio del siglo II, profesa una inmensa admiración y con frecuencia cita fragmentos en la revista dirigida por Ralph Waldo Emerson y Margaret Fuller *The Dial*:

> «Solo, en un lugar retirado, [el yogui] meditará sin cesar sobre la naturaleza divina del alma y, a través de esa meditación, alcanzará la felicidad.»

El objetivo del yoga se ve aquí perfectamente determinado, por extraño que pueda parecer. ¿Y qué es la «naturaleza divina del alma»? Desde muy pronto, Thoreau comprende que hace bien en escuchar a los antiguos para orientar su filosofía y su práctica: ¿qué pueden enseñarnos sobre este arte de vivir? ¿Qué expectativas tenían ellos que puedan resonar con las de Thoreau? Hay una que podría traducirse en los siguientes términos: convertirse en Uno con la Vida universal o divina. Una vibración invisible, omnipresente, siempre nueva, inalcanzable más allá del momento presente.

> «Recogido en una atención unificada, [el yogui] percibe lo visible y lo invisible, inmanentes en la naturaleza divina; mientras contempla el universo ilimitado presente en ella, no puede entregar su corazón a la injusticia.»
>
> (*Manusmriti*, 12.118)

Este texto que data del siglo II, también llamado *Mānava-shāstra*, el «Código de Manú», ofrece las bases fundamentales de la tradición hinduista y enseña cómo adaptarse al orden cósmico, social y a las reglas de conducta individuales. Thoreau entiende los términos *divino, dios*, en su sentido original hindú, distinto al que nosotros estamos habituados en el universo monoteísta occidental. La raíz etimológica *DĪV*, que es polisémica, significa 'irradiar, difundir luz' o 'jugar', ¡privilegio divino! En las lenguas romances, *día, diurno, dios, divino*, etc., vienen todas de la misma raíz. *Deva, devī*, dios y diosa, son considerados aspectos, energías divinas que emanan del principio original, la luz se fragmenta en incontables colores como un arcoíris. Percibir esta luz significa participar en la realidad, de modo que es imposible, una vez zambullidos en ella, actuar o pensar de una forma incorrecta o inarmónica.

¡Volvamos a este lugar predestinado! En abril de 1841, cuatro años antes de su llegada a su retiro en Walden, Thoreau anota en su *Diario* que sueña con construirse una cabaña en la ladera sur de una colina en la que vivir de modo apacible la vida que los dioses le tengan reservada. A pesar de que en esa época surgen varias «utopías» —una treintena de comunidades en Estados Unidos—, Thoreau no se deja seducir y rechaza varias invitaciones; abandona lo «colectivo» por lo «individual». Definamos este término según el sentido que le otorgó Carl Gustav Jung: «in-dividuo, no escindido, no dividido», que tan bien se le aplica. Esta forma de vivir como ermitaño, como yogui solitario, parte de una necesidad profunda de observar lo que significa vivir, pensar, sentir, más allá de los caminos trillados.

Este dar un paso al costado se produce no solo en la dimensión espacial, sino también en el plano temporal. Vive sin la imposición del tiempo, al margen de sus contemplaciones y de sus actividades campestres. El tiempo marcado de sus contemporáneos se le antoja un yugo. Se concede, durante dos años y dos meses, una «suspensión» para enfrentarse a sí mismo y convertirse en ese *soy* único, cosa que solo puede suceder cuando se está en armonía con el Todo.

«¿Por qué vivir con tanta prisa, con tanto despilfarro de vida?» (*Walden*), nos pregunta Thoreau, como lo haría Montaigne. Nuestras vidas eclosionan, y luego se reducen. Pero, a lo largo de nuestra existencia, ¿qué es lo esencial que hemos aprehendido? ¿Cuál es el sentido de la vida? ¿No hay otra dimensión que experimentar?

Un baño matutino en el estanque, al amanecer. El horizonte como mandala. Una existencia simplificada hasta el extremo, una inclinación natural a la contemplación. Un carácter desprovisto por naturaleza de toda ambición, posesividad y envidia. Un espíritu colmado de conocimiento y sabiduría, abierto a todas las inspiraciones de oriente y de occidente. Y por encima de todo, un deseo infinito de metamorfosis. Simplificar, renovarse, unirse a la naturaleza, al Espíritu original: ¡esos son sus mantras! Se dan, pues, todos los ingredientes para establecerse como verdadero yogui, tal y como se expresa en la *Katha Upanishad*:

«*Svayambhu* [el que se engendró a sí mismo] atravesó la apertura de los sentidos hacia fuera, y por eso los seres miran hacia fuera y no hacia dentro. Cierto sabio, deseoso de inmortalidad, volvió un día la mirada hacia el interior y se contempló a Sí mismo cara a cara.»

(*Katha Upanishad*, IV.1)

Reorientar la mirada hacia el interior, encontrar el gusto por conocerse a uno mismo ya es dar un paso al costado. Querer contemplar el mundo de otra forma que no sea la rutina de las convenciones, de la normalidad uniforme, ¡qué perspectiva más gozosa! La vida se convierte en una aventura, la gran aventura del *soy*, no la del *yo-mi-me-conmigo*.

Fue así, paso a paso, cómo David Henry se convirtió en Henry David al tomar la decisión de instalarse en Walden. Al contemplarse en el espejo del estanque, aspiró a una transformación, a un regreso al yo. Sensación tras sensación, pensamiento tras pensamiento. Nos lo imaginamos sentado con la espalda apoyada en un árbol en un claro en el que el canto de las aves se mezcla con el susurro del viento. Se afloja la ropa, pega la espalda al tronco del árbol. ¡Qué felicidad, abandonarse a lo natural! Nada que demostrar, únicamente estar presente, «sentarse y nada más», como decían los monjes zen, relajado. Quizá se frota las manos, la cara, el vientre, las piernas. Respira profundamente, con suavidad. Cuando el cuerpo y el espíritu se acompasan, surge de lo más profundo la dimensión llamada «cuerpo de regocijo», que vibra siempre presente pero olvidado.

Entonces sale a la superficie un sentimiento de confianza en la vida universal. Esta noción antiquísima de «cuerpo de regocijo» (*ānanda-maya-kosha*), puede salvarnos del desasosiego, ¡porque nosotros también podemos alcanzarlo! Se encuentra dentro de nosotros, como un eco original, fundamental. Los sabios-yoguis del *Upanishad* la pusieron de manifiesto unos quinientos años antes de nuestra era, yoguis refugiándose en los bosques, alejados del mundo, para practicar la meditación y la respiración.

Ser yogui en estas circunstancias significa tratar de liberarse de las cadenas que nos sujetan de forma inconsciente, relacionadas a menudo con las normas sociales y culturales, con las condiciones heredadas de vidas anteriores que cristalizan en el yo. En su rebelión, Thoreau se aleja de ellas y se convierte en pionero de los yoguis en Estados Unidos. No es un yogui en el sentido actual del término, que practica posturas sobre su esterilla, sino un yogui espiritual y filosófico. En pleno inicio de la fiebre del oro, la verdadera riqueza para Thoreau viste los colores de la *amrita*, la ambrosía de inmortalidad, símbolo de la liberación espiritual.

Sea como fuere, Henry David alcanza la lucidez para ser consciente de las propias carencias. En eso consiste su grandeza. «Dadas mi aspereza y mi falta de atención, debo practicar fielmente el yoga», le escribió a su amigo Harrison Blake en 1849. Efectuó el trayecto fundamental: la mirada hacia dentro. Se alejó durante un tiempo del bullicio de la existencia: *vyavahāra*, como lo llama Abhinavagupta, filósofo cachemiro tántrico (s. X-XI); *vi/vy-* aquí significa 'inconexo', 'separado de uno mismo'; *ava-*, 'arrastrado hacia abajo'; *hāra,* 'arrastrado, fascinado'. Este término tan evocativo describe los asuntos, las actividades de la vida cotidiana e implica preocupación, contacto, lucha. ¿Cómo salir a la superficie de esta ola que nos arrastra, nos distrae, nos aleja de nosotros mismos, nos distancia de la realidad? Hace falta una cierta valentía, mucha energía interior para discernir y poner en práctica el antídoto que llamaremos «yoga» en el sentido amplio de unión con la Vida.

Henry David se pone en camino igual que Arjuna, el protagonista de la *Bhagavad Gītā* en pleno campo de batalla, en el campo de la existencia. Su trayecto es hacia el espacio central, interior, y seguirá refinando incesantemente este arte de la vida, de la conciencia, que es la verdadera naturaleza del yoga. Para él dar un paso al costado tiene que ver sobre todo con su forma de concebir el mundo y a sí mismo, puesto que no se aferra a ideas fijas, ¡sino que abre un espacio nuevo! Se marcha para reflexionar, es decir, para intentar comprender y experimentar la naturaleza de las cosas. Reflejar la luz de lo real en el espejo de su conciencia: dar cabida a la intuición de su propia esencia. «La reflexión es la semilla que, al germinar, produce el árbol de la felicidad», declara la diosa Tripura (*La doctrine secrète de la déesse Tripurā* [«La doctrina secreta de la diosa Tripura»]). Este texto, que tal vez date de los siglos X-XV, se corresponde con la *Sección sobre el Conocimiento* de un tratado de filosofía tántrica y plantea un diálogo entre el maestro Dattātreya y su discípulo Parashurāma, por medio de relatos iniciáticos. En el Tantra, la diosa Tripura-Sundari simboliza el despliegue de la Conciencia cósmica y la Sabiduría eterna que permite ser liberado en vida.

Además de que, tal y como ella añade, la aspiración a la reflexión es señal de que esa liberación se acerca.

Todo esto está muy bien, pero entonces: ¿qué hace el yogui del bosque? ¿Cómo vive? Trabaja con las manos y defiende el trabajo manual, llegando incluso a preguntar:

«¿Cómo es que los estudiantes de Harvard no construyen sus residencias con sus propias manos?»

(*Walden*)

A sus ojos, el trabajo manual realizado con alegría sienta bien tanto al cuerpo como al alma. Y Thoreau no se priva de él en absoluto: cultiva judías, maíz, guisantes, recoge sirope de arce, amasa pan, lo cuece en el horno que ha construido, corta leña... Entre muchas otras cosas. El trabajo artesanal, que en la India antigua no se distinguía del arte, se considera una disciplina yóguica puesto que exige atención, habilidad, respeto por los materiales y, sobre todo, una aproximación espiritual en relación con el cosmos y con las energías divinas. Además, la ciencia antigua de la arquitectura y del hábitat, el *Vāstushāstra*, origen del Feng Shui, fomenta la colaboración de distintos artesanos destinada a la construcción de templos desde esta misma perspectiva. ¡Cuánta riqueza contienen estos tratados sobre la forma de habitar el mundo! En el capítulo séptimo de *Walden*, titulado «El campo de judías», confiesa su afecto por las hileras de leguminosas, una planta maravillosa que ya se cultivaba hace 9.000 años en Perú, que fue adoptada por los aztecas y luego llegó al resto del mundo a través de Cristóbal Colón. Establece una conexión íntima con las judías hasta el punto de que podríamos, con un poco de humor, fantasear con un yoga de las judías.

«¿Qué aprenderé de las judías o las judías de mí? Las mimo, las escardo, las vigilo a primera y a última hora.»

(*Walden*)

Trabajar la tierra a su antojo le sienta de maravilla. ¡Cualquier cosa menos ser una oveja del rebaño! En la filosofía hindú se contrapone el *pati*, 'pastor dueño de uno mismo, autónomo', al *pashu*, el 'ganado', que acepta ser alienado y privado de libertad en aras de la comodidad y las ideas preconcebidas. A ese respecto, Thoreau adopta un tono algo socarrón:

«Me encanta ver el rebaño humano alimentarse abundantemente de placeres toscos y suculentos igual que ganado que engulle mondas y tallos de verduras.»

(*Siete días en el río*)

Para cambiar, hay que practicar con paciencia, regularidad y alegría. A su manera, practica el saludo al sol, *suryanamaskar*.

«Antes de que ninguna marmota o ardilla haya cruzado aún el camino [...] Por la mañana, a primera hora, he trabajado descalzo, modelando como un escultor la arena blanda cubierta de rocío.»

(*Walden*)

El saludo al sol comprende varias posturas encadenadas que movilizan todas las articulaciones del cuerpo y lo despiertan con las energías nacientes y vivificantes del amanecer.[1] Para él, el yoga consiste en conocerse a uno mismo, en entender mejor el misterio de la vida. Ese es su ideal. Libre de formas fijas, su yoga cotidiano es también un yoga del conocimiento, lo practica al toparse con rocas, con piedras grabadas, con las cavidades en las que los indígenas ocultan sus provisiones (*Una semana en los ríos Concord y Merrimack*). Todo se convierte en una señal, le despierta una intuición de dimensiones universales. Respecto a las puntas de flecha que encuentra en sus excursiones, por ejemplo, escribe:

«Me encuentro tras la pista del espíritu. [...] Cuando encuentro señales como esta, sé que los espíritus hábiles que las fabricaron no andan lejos. [...] Hay miríadas de puntas de flecha durmientes bajo la piel de la Tierra que da vueltas, mientras que los meteoritos dan vueltas por el espacio.»

(*Diario*, 1858)

---

1. Colette Poggi, *Âsana. Voyage au cœur des postures*, Almora, 2021.

Su libertad tiene un precio: la pobreza. En elogio de ella, escribe numerosos textos describiendo su modo de vida en el bosque. Lejos de un ascetismo sacrificado, vive una experiencia extraña a ojos de los *pashu* como una misión llena de regocijo que podría resumirse en pocas palabras: la sencillez es la vía más directa hacia la profundidad. Esta «pobreza voluntaria» basada en la razón libera al individuo de deseos abrumadores y conduce a una vida feliz. Mucho más que las supuestas comodidades.

¿Cuál es la fuente de la felicidad verdadera? Muchos sabios se han reído de la necedad humana a ese respecto:

«¡Qué extraña es la felicidad en busca de la cual hombres que ya están cargados de tareas adoptan otras nuevas sin cesar! ¿Cómo me va a ser posible celebrar la inteligencia de los hombres? Aplastados bajo montañas de obligaciones, siguen corriendo tras la felicidad.»

(*La doctrine secrète de la déesse Tripurā*)

Henry David elige un bando, el de la sencillez a cualquier precio. Ninguna complicación: ¡ni cocina, ni moda, ni convenciones sociales! ¿De qué sirven esas cosas? No son buenas ni para el cuerpo ni para el alma. Además, él no tiene tiempo que perder en florituras.

«No vale la pena vivir de cocina elaborada.»

(*Walden*)

En la India, la alimentación forma una parte integral del camino de la vida. Es emblemática de la naturaleza de cada uno. Thoreau se auto-denomina casi vegetariano, a excepción del pescado que captura muy de vez en cuando y a regañadientes. Siente verdadera repugnancia respecto a todo alimento de origen animal.

«A lo largo de los últimos años me he dado cuenta de que no soy capaz de pescar sin perderme un poco de respeto.»

(*Walden*)

Goza de comidas frugales, de arándanos de un sabor incomparable recogidos por los senderos del bosque, no bebe ni té ni café. Y con un mendrugo de pan y un puñado de patatas se da por satisfecho. Se pone, en suma, del lado de los poetas.

> «Se me antojó más bello vivir de forma austera y comer con sobriedad. [...] Creo que todo aquel que pone su empeño en mantener sus facultades poéticas o más elevadas en las mejores condiciones ha tenido siempre una inclinación particular por abstenerse de los alimentos de origen animal y de alimentos abundantes de cualquier tipo.»
>
> (*Walden*)

El colmo de la originalidad: el dinero para él no tiene verdadero valor. Su única verdad es vivir con sencillez, obrar con sencillez, alimentarse con sencillez y vestirse con sencillez. Lleva un traje de terciopelo del color de las hojas muertas, o hecho de una tela resistente, una especie de sayal. La moda, la rutina, el conformismo lo exasperan, igual que las propiedades, la comodidad, encerrarse en una casa, el abastecimiento de agua en las ciudades o cualquier tipo de lujos. Esta enumeración tal vez parezca excesiva, pero si se generalizara una toma de conciencia como esta, ¿estaríamos al borde del colapso hoy en día?

> «La mayoría de los lujos y muchas de las cosas que llamamos comodidades no solo son prescindibles, sino que son francos obstáculos para la elevación de la humanidad. [...] Los más sabios han llevado siempre una vida más sencilla y sobria que los pobres. Los filósofos de la antigüedad, chinos, hindúes, persas o griegos, eran más pobres que nadie en cuanto a riqueza material, y más ricos en cuanto a la espiritual.»
>
> (*Walden*)

Resumiendo, «hay una alternativa a desear lo superfluo: aventurarse en la vida» (*Walden*). Totalmente de acuerdo con este punto de vista, el filósofo agroecologista Pierre Rabhi puso de manifiesto el valor de la pobreza feliz por deliberada: ese es el verdadero paso al costado en relación con los objetos, un desapego espacial que nada tiene de postura mental.

«Soy pobre porque en lo más profundo de mi ser he abolido toda avaricia, toda falsa necesidad. Puedo vivir en un palacio o en una choza sin dejar de velar por mi naturaleza inmutable.»

(Hacia la sobriedad feliz)

A mi parecer, esta declaración expresa la esencia del verdadero yoga. Descubrimos en ella una doble dinámica de desapego y de aliento. El desapego consiste en liberarse de los vínculos internos, los *klesha*, que son una fuente de aflicción: ignorancia, egocentrismo, atracción, aversión, deseo de existir más y más. El aliento nos anima a adherirnos a un ideal de sabiduría. En otras palabras: el yoga es el compromiso con la libertad, pasa por soltar: no adueñarse, no aferrarse, ni física, ni mental, ni afectivamente; no poseer nada o, en cualquier caso, no apegarse a los bienes materiales. El *aparigraha* (desapego) yóguico es profundamente liberador y es garantía de serenidad en las fluctuaciones inevitables de la existencia. Sin esta cualidad del ser, la sencillez no puede desarrollarse con plenitud. Gandhi, para quien la lectura de Thoreau supuso una poderosa influencia, alaba también la valentía de la sencillez, que relaciona con la integridad y la autonomía, precisando que es inhumano obedecer leyes injustas. De ahí surge el concepto de *Hind Swaraj*, el autogobierno de la India.

Para Thoreau, sencillez rima con felicidad, con espontaneidad, con improvisación. Ante los imprevistos, el azar o la providencia nos envían amigos, y eso nos hace felices. ¡Los pueblos que aún viven de esta forma tienen tanto que enseñarnos! ¿Acaso acoger no significa recibir lo que acontece? En eso consiste la verdadera hospitalidad, convertirse en huésped del presente, que recibe o es recibido, según las circunstancias vitales. ¿Y no es también la esencia del yoga el recoger y acoger, recibir, aceptar?

No es casualidad que Henry David Thoreau soñara con ser un nativo estadounidense. Para él los indígenas poseían una inteligencia basada en la naturaleza. Compartían sin saberlo su perspectiva animista del mundo. Vivir en comunión con la naturaleza, visible e invisible: los árboles, las plantas, los animales, los elementos, los espíritus. Sentados o de pie, los indios se le antojaban conscientes de su presencia plena. Y al andar, se volcaban de lleno en el movimiento. ¿Y no consiste en

eso el arte misterioso del yoga bajo sus incontables formas? Henry David lo percibió gracias a la *Bhagavad Gītā* y al *Código de Manú*. Desde tiempos antiguos, el término *yoga* ha sido polisémico. Si analizamos la raíz etimológica *YUJ*, aparece toda una serie de significados que hay que situar en el contexto ritual del *Veda* y de la sociedad agraria: 'conectar, enganchar, hacer una ofrenda, colocar una flecha, concentrar el espíritu'. La expresión *ātmani YUJ*: 'unirse con uno mismo, entablar contacto con uno mismo' me parece la definición más emblemática del yoga en su esencia. Como en cualquier disciplina, el rigor y el celo son esenciales para lograr este vínculo. En los *Yogasūtra*, texto de referencia atribuido a Patañjali, se destacan dos aspectos complementarios: la práctica asidua (*abhyāsa*) implica una continuidad llena de aliento (*abhi-*), un compromiso tanto en relación con la forma como con uno mismo. Consagrarse con pasión a la práctica y al conocimiento son los dos aspectos indisociables del yoga. En cuanto a *vairāgya*, la misma palabra da a entender una separación (*vi-ai-/vi-*) de las pasiones, de los deseos que tiñen (*rāga*) la conciencia. Henry David ya había ejercitado plenamente su atención durante sus estudios clásicos. Su alma se zambulló en el pensamiento de Sófocles, de Zaratustra. Conoce la unificación natural de la concentración y el esfuerzo paciente del estudio. Los siguientes aforismos (*sūtra*) no lo habrían sorprendido en absoluto:

«A través de la práctica asidua y el desapego, podemos suspender la actividad mental [*vritti*]

abhyāsa-vairāgyābhyâm tan-nirodhaḥ/
(Patañjali, *Yogasūtra*, I.12)

La práctica asidua no da acceso a un estado inquebrantable [*bhūmi*] a menos que se ejerza de forma ininterrumpida, durante un largo tiempo, con una atención respetuosa.»

(I.14)

«Por el desapego del *manas* [órgano mental], si se destruye el germen de la carencia, se alcanza la libertad interior.»

(III.49)

«Es gracias a ello que cesa el sufrimiento y el peso de los actos [*karman*].»

(IV.30)

Los actos realizados por egocentrismo, con la expectativa de una recompensa, nos encadenan a la rueda de la vida (*saṃsāra*). La intención genera dependencia y desilusión si la perdemos. No obstante, la *Bhagavad Gītā*[2] nos enseña que siempre debemos hacer las cosas lo mejor que podamos, comprometiéndonos con todo nuestro ser, pero sin aferrarnos a un objetivo. Nuestro psiquismo individualista y egocéntrico no es fácil de mitigar, pero si se instaura la calma, un estado de recogimiento unificador (*dhyāna*) permite serenar las olas de la superficie y acceder a lo que subyace en la mente (*citta*): la conciencia profunda, en contacto con lo universal.

Thoreau no conocía los *Yogasūtra*, tampoco había oído hablar del hatha yoga y nunca habla de una postura concreta. Pero nada impide imaginarlo sentado en la posición de loto o pensar que, al encontrarse con un árbol venerable, él mismo se convierte en árbol, extendiendo los brazos como si fueran ramas y respirando por todas las partículas de su cuerpo como las hojas bajo el sol. Bebe de la fuente de los textos sagrados originales: la *Bhagavad Gītā* es su libro de cabecera. En esos momentos fuera del tiempo, tumbado en un bote en mitad del estanque o en el río para leer, imagina que las aguas sagradas del Ganges se mezclan con las del estanque de Walden.

Tanto Emerson como Thoreau alimentaban un entusiasmo extraordinario por este texto fundador del pensamiento indio. Henry David, sin duda, le debe el no haberse sentido nunca solo o aislado en Walden. Además de la fauna y la flora, frecuenta a Arjuna y Krishna, conversando con ellos sobre la naturaleza de la acción y de la inacción, sobre la realización del yo en la existencia, sobre la forma de ser del yogui. Así describe la explosión interior que este texto provocó en ellos:

«Debo un día magnífico a la *Bhagavad Gītā*. Fue el primero de los libros; fue como si me hablara un imperio, no tenía nada de pequeño ni indigno, era grande, sereno, coherente, la voz de una inteligencia

---

2. Véase Colette Poggi, *La Bhagavad Gîtâ ou l'art d'agir* [«La *Bhagavad Gītā* o el arte de actuar»], Équateurs, 2020.

antigua que otra época y otro clima meditaron y que halló respuesta a las mismas preguntas que ahora nos causan agitación.»

(Una semana en los ríos Concord y Merrimack)

Para Thoreau es claro que los textos antiguos, ya sean de China, India o Grecia, no suenan a lenguas muertas, sino que son interlocutores vivos con quienes alimenta un diálogo ininterrumpido. Estas semillas llenas de vida fecundan su experiencia interior. Todas esas voces confieren un resplandor renovado a los prados y a los bosques. Vive en un nivel más profundo que la superficie de las cosas. El paso al costado que consigue mantener durante dos años, dos meses y dos días lo da también bajo la autoridad doble de los indios de oriente y occidente desde su descubrimiento de la cultura amerindia en la década de 1840. Fue una presencia que lo fascinó y lo inspiró desde su niñez. Ya volveremos a hablar de ello. El modo de vida de los nativos norteamericanos le parecía en todos los aspectos un modelo de armonía con la naturaleza. Llevaban una vida sencilla, conectada con el cosmos, y la belleza de su artesanía, su hábitat, sus cánticos y danzas se le antojaban un ideal a seguir. De esa simplicidad surge la plenitud. Si parece alejarse (y todo es relativo), es para encontrarse mejor. «Cuando avanzas por el camino —murmura Rūmi—, el camino aparece.» O, para Thoreau, ese camino vital será la escritura, que entre todos sus dones se revela como su vocación profunda, su *svadharma*. A su manera, una forma de tomar distancia, de dar un paso al costado, de continuar esperando.

2. Sobriedad

La vida es un tesoro frágil que nos maravilla en todas sus formas. Cuanto más se nos presenta sin adornos, en toda su autenticidad, más encuentra su plenitud y más queda protegida. Thoreau «milita» por un regreso a una vida sencilla, a la frugalidad que para él es el crisol de la riqueza y de la armonía interior. Esta idea se ha vuelto muy influyente hoy en día, y más aún en nuestra sociedad desequilibrada y consumista. Ya en el siglo XIX, Thoreau reflexionó sobre el lugar de los humanos en el seno de la Naturaleza, en una relación ecológica con el mundo, en una forma de decrecimiento, incluso si no lo expresa con esas palabras. Además, encarna esa vida sencilla: vestido con telas toscas, barbudo, algo desaliñado incluso, cómplice de la luna y de los bichos, lleva una vida de impulso errante por el bosque.

> «A veces sueño con una casa más grande y más llena de gente, levantada en una edad dorada con materiales duraderos, sin ningún adorno superfluo y consistente en una sola estancia, un vasto salón tosco, primitivo y sustancioso [...] en el que el viajero fatigado pueda lavarse, y comer, y conversar, y dormir sin necesidad de desplazarse más; un refugio que cualquiera se alegraría de encontrar una noche de tormenta.»
>
> (*Walden*)

He aquí su paraíso: orgánico, frugal y acogedor. Thoreau, el aprendiz de yogui, se burla de los «palacios modernos», ilusorios y vanos. Incluso si lo recibieran un rey o una reina, conservaría su vestimenta avejentada. Y añade:

> «Pero marcharme de espaldas de un palacio moderno sería mi único deseo si jamás me encontrara en uno.»
>
> (*Walden*)

En la fábula del *Panchatantra* titulada *Los dos peces y la rana*, encontramos una verdad de la que Thoreau bien hubiera podido adueñarse:

> «La felicidad que los hombres no serían capaces de poseer en el cielo, incluso mediante el contacto con los dioses, pueden encontrarla en un lugar modesto.»

Y nuestro ermitaño vive bien, con total plenitud, no en un ascetismo gélido. Según el alma del yoga, todo está integrado. Incluso las ardillas que se dedican a cascar nueces junto al fuego.

> «De poco sirve acumular propiedades; no harán sino volver a desvanecerse. [...] Uno debe vivir en sí mismo, y depender de sí mismo,

siempre remangado y preparado para un comienzo, sin muchos asuntos entre manos.»

(Walden)

¿Y no vemos aquí una premonición de reflexiones que se hacen hoy en día a propósito del decrecimiento?

«Cada uno de nosotros es dueño y señor de un reino comparado con el cual el imperio terrenal del zar es un terreno insignificante.»

(Walden)

Henry David Thoreau ya había entendido que no le hacía falta gran cosa para ser dueño de sí mismo. Conectar consigo mismo y con la naturaleza con total sencillez.

Le basta con entrar en contacto con la tierra mientras trabaja descalzo, o meterse en el estanque, pisando la arena blanca. Es importante precisar que las plantas de nuestros pies tienen una sensibilidad extraordinaria: la piel de los pies posee 200 terminaciones nerviosas por centímetro cuadrado. Arraigado de esta manera, con la cabeza apuntando al cielo y al canto de los pájaros, el corazón henchido, cultiva lo natural. Nada desnudo todas las mañanas. No busca complacer ni ser decoroso, sino auténtico y sincero. El artificio lo abandona y lo que lo impulsa es otra energía, pues su modo de vida es exigente. No hay lugar para la pereza, la indolencia, las comodidades debilitantes. «Prefiero sentarme en una calabaza yo solo que estar estrecho en una almohada de terciopelo» (*Walden*).

En esta vida rústica elige la compañía de los zorros, y su cama tiene el olor del heno cortado o del maíz que cultiva. Se convierte en el escriba de los bosques y, como él se confía al universo, este lo hace su confidente. Nos habla de esta manera de otro mundo mientras es testigo de su propio tiempo a la vez. Además, no duda en pasar a la acción cuando lo estima necesario, sea por defender a los negros que huyen de la esclavitud, los abolicionistas o los amerindios.

Esta forma de compromiso forma parte integral de su *svadharma*, su vocación profunda de centinela sensible y solícito del prójimo. Uno de los símbolos del vínculo íntimo con el *dharma* se corresponde con el eje medio de la *sushumnā*, el eje vibratorio situado en el centro del cuerpo que une la tierra y el cielo, el individuo y el universo. Este término sánscrito tiene un sentido revelador: «aquello que es extremadamente beneficioso (*su-*) recordar (*mnā*)». Esta atención unifica y apacigua. No perder el centro, el eje, el propio ideal: ese es su principio vital, la chispa que nunca se apagará en su interior. Vivir el instante y no andar corriendo detrás del tiempo también es un arte de la sobriedad. Dentro de la simbología del círculo, la circunferencia representa el tiempo y el centro, el instante eterno. De este modo, la forma de vincularse con la dimensión interior, la *sushumnā*, permite experimentar el tiempo que pasa en el mundo y el instante fuera del tiempo al percibir, con total claridad, más allá de la agitación del mundo.

Vivir en el bosque, en un sistema prácticamente autárquico, se ha considerado siempre, y muy especialmente en la India de la antigüedad, como una circunstancia que favorece la vida espiritual. *Vana-prashta*, «la estancia en el bosque», es una etapa de la existencia que para los hindúes sucede a la época de llevar la casa, con los hijos ya criados, en la antesala de la vejez. En ese momento, todo el mundo puede consagrarse a la vida interior. Y eso es el yoga por encima de todo: un arte de la vida sencilla que consiste en volver a lo esencial, lo que a menudo suele quedar relegado al olvido, sepultado bajo el torbellino de la cotidianeidad.

A lo largo de los siglos se han diseñado distintos tipos de yoga que, lejos de ser excluyentes, se complementan. Los principales se enumeran de la siguiente manera: el karma-yoga, o arte de la acción (el yoga es habilidad dentro de la acción, según la *Gītā*), el jñāna-yoga, o arte del conocimiento, el bhakti-yoga, que prioriza la experiencia del amor divino, etcétera. Estos distintos aspectos del yoga son conocidos para Thoreau, y es muy probable que los practicara de forma consciente.

Para él, el karma-yoga consiste en actuar con una atención intensa y abierta, con una habilidad adquirida a través de la experiencia, mientras camina, nada o trabaja el campo. Pero también mientras se sienta al pie de un árbol o hace limpieza en su cabaña. Una especie de felicidad sin motivo subyace a estas acciones cotidianas porque están impregnadas de conciencia.

La práctica del jñāna-yoga se lleva a cabo de una forma más interna, tomando conciencia del propio paisaje mental, de las nubes y los torbellinos que sacuden la mente. Y luego, poniendo atención en la energía magnífica que irriga el poder de la imaginación, el de reflexión, el de memoria, el de intuición…, toda la vida espiritual, en suma. El estudio de los textos sagrados, la concentración, la contemplación, la absorción perfecta sirven para pulir la piedra preciosa del espíritu, y ese es el yoga del conocimiento que Thoreau, inspirado por sus lecturas indias, quiere vivir.

El bhakti-yoga es una práctica centrada en el corazón, de donde brota una energía de amor y compasión hacia todos los seres. Al yogui de Walden no le cuesta nada abrir su corazón a los huéspedes del bosque y menos aún a los negros o los nativos estadounidenses, por no hablar de sus amigos poetas o leñadores. No obstante, los hindúes asocian este yoga intensamente con lo divino, Krishna, Vishnu, Shiva… Tiene la característica de surgir sin esfuerzo de un impulso espontáneo que unifica a todo el ser. El adorador —aquel en quien se realiza la unión— se convierte en yogui únicamente mediante el germen del amor.

En lo que respecta al hatha-yoga, que conlleva la técnica postural, es evidente que no conocía ni el nombre ni el contenido, puesto que el Tantra en el que se explica era desconocido en Occidente por aquel entonces. Sin embargo, la atención que Thoreau ponía en su cuerpo sin duda le confirió la firmeza y el placer que proporciona este tipo de yoga. Su nombre, Thoreau, viene además de una raíz salida del francés antiguo para referirse a un toro. Heredó, por lo que parece, esos genes de potencia y resistencia a cualquier desafío que pudo poner en práctica al elegir vivir en los bosques.

Actuar con sobriedad

Acto uno, escena primera: se pone en marcha, dejando un mundo atrás para descubrir otro modo de vida. Primer paso hacia la sobriedad. A algunos kilómetros de la casa de sus padres, situada en Concord, construye con sus manos una cabaña de madera a partir de piezas recuperadas de una casita vieja en ruinas. No poseerá otra cosa que esa cabaña, escribirá, así como un bote construido con su hermano, que luego pasaría de mano en mano. Todo hecho por el mismo, a excepción de la estructura, que construyeron unos amigos.

«Esta estructura, revestida con tanta sencillez, fue una suerte de cristalización a mi alrededor.»

(*Walden*)

A pesar de esto, Thoreau tiene buena mano con los tablones. Según una anécdota relatada en *Una semana en los ríos Concord y Merrimack*, durante una excursión nocturna, ante las incomodidades, pone a prueba su sentido práctico y una cierta audacia que lleva a una complicidad inesperada.

«Pero cuando el frío se hizo más intenso durante la medianoche, me rodeé por completo de tablones y conseguí incluso colocarme un tablón encima, con una piedra para que no se moviera de sitio, y dormí con comodidad. [...] Mi única compañía eran los ratones, que vinieron a dar cuenta de las migajas que quedaban envueltas en papel. [...] Royeron lo que les correspondía; yo roí lo que me correspondía a mí.»

(*Una semana en los ríos Concord y Merrimack*)

En estas circunstancias de austeridad extrema, el otro, sea quien sea, desempeña un papel en su existencia y, a veces, en su supervivencia. Se establecen conexiones insólitas, actos que hasta entonces eran impensables. En su *Diario*, en febrero de 1859, Thoreau menciona su interés por los líquenes. En ese momento, no lo preocupa la supervivencia, sino el hecho de ponerse «en el lugar de» determinados animales. Y es evidente que, como si fuera un pionero de la naturopatía, experimenta ese contacto desde una cercanía muy curiosa:

«Estudiar los líquenes es saborear tierra y salud, roer cercas y rocas. Este producto de la corteza es la esencia de todas las épocas. [...] ¿Qué bebida dietética podría compararse con un té o caldo hechos de la corteza misma de la tierra? No hay colirio ni bálsamo para unos ojos irritados mejor que estos líquenes relucientes en un día húmedo. Id pues a bañaros y a recubrir vuestros ojos en la luz tamizada del bosque.»

(*Diario*)

El liquen es un tipo de musgo fascinante, un cruce entre hongos y algas, que sirve de hogar a insectos, larvas y otros organismos vivos de los que las aves se alimentan o usan para construir sus nidos. Organismo yóguico por excelencia, el liquen nos habla de la unión, del gran todo, de la cooperación en el seno de la vida. Tomemos conciencia por un momento de todo lo que nos ofrece la naturaleza: frutas, verduras, cereales, raíces, hongos, animales, insectos... Y nosotros, ¿qué podemos ofrecerle a la naturaleza? «He regado los arándanos rojos, el cerezo enano y el almez, el pino rojo y el fresno negro, la viña blanca y la violeta amarilla, que, si no, se hubieran marchitado en las estaciones secas», es la respuesta que da Thoreau en *Walden*.

Educación para la sobriedad

Como declara Goethe, uno de sus escritores preferidos, «con saber no basta; debemos poner en práctica [lo que sabemos]». La alianza entre los yogas del conocimiento y de la acción supone un desafío para el joven estudiante de Harvard que, a diferencia de sus compañeros, que no comprenden su actitud, no se deja seducir por los cantos de sirena de una carrera empresarial. ¿Para qué hacerse tantas preguntas, cuando sería muchísimo más fácil hacer lo mismo que los demás? Consumir, producir, divertirse... Sin embargo, el joven filósofo intuye hasta qué punto estas «actividades» no conducen a otra cosa que a una vida sin sentido y son un vector de sufrimiento a medio o largo plazo. Opina que es fundamental volver a los orígenes. Con saber no basta; hay que vivir, experimentar, actuar, aplicar una filosofía práctica. Así exhorta a los estudiantes:

> «¿Qué mejor forma de vivir para los jóvenes que poner a prueba la experiencia de la vida? ¿Por qué mirar el mundo a través de un telescopio o microscopio, en lugar de con los ojos que nos ha dado la naturaleza?»
>
> (*Walden*)

Como crítica al sistema educativo tradicional, invita a profesores y alumnos a aprender al aire libre, a salir de las aulas, a palpar la vida verdadera en la naturaleza y a cuestionar la autoridad docente.

Thoreau rechaza lo inútil y lo superfluo, la resignación y la diversión.

«La mayoría de los hombres [...], por mera ignorancia y error, están tan angustiados por preocupaciones artificiales y por las tareas superfluamente ordinarias de la vida que no pueden recoger sus frutos más refinados. [...] Viven vidas de desesperación silenciosa. Lo que llamamos resignación no es sino desesperanza declarada. [...] Una desesperación estereotipada pero inconsciente queda oculta incluso bajo aquello que llamamos los juegos y diversiones de la humanidad.»

(*Walden*)

En la experiencia yóguica este modo de existencia recuerda el proceso de decantación del cuerpo sutil que culmina en el afloramiento del cuerpo causal, hecho de felicidad. Expresado con sencillez, según el pensamiento indio el cuerpo no es monolítico ni se reduce exclusivamente al cuerpo físico, compuesto de carne y órganos. A partir de su experiencia interior, los yoguis y las yoguinis descubren, a lo largo de su práctica, distintas dimensiones en el seno mismo de su ser individual. Son tres categorías que van del exterior hasta la dimensión más profunda:

- El cuerpo físico, tangible, estable, tosco, hecho de alimento (*sthūla-sharīra*)
- El cuerpo sutil, invisible, aliento-pensamiento-intuición (*sūkshma-sharīra*)
- El cuerpo causal u original, conciencia-felicidad (*karana-sharīra*)

Cuerpo sutil

En el universo del yoga, el cuerpo sutil, intermediario, es el más desarrollado, pues ha sido un campo de pruebas privilegiado. Distinguimos tres envoltorios hechos de:

- Aliento-energía (*prāna*), de esencia cósmica
- Pensamiento (*manas*), que incluye el consciente y el inconsciente

– Intuición-discernimiento (*vijñāna*), forma de conciencia «conectada con lo universal», según la muy acertada expresión de Marguerite Yourcenar

La práctica yóguica tiene el objetivo de volver el cuerpo sutil más límpido y fluido y de conseguir así que el «envoltorio hecho de felicidad» que corresponde al cuerpo causal (original) se vuelva perceptible a la conciencia. Esto significa que mediante la práctica del yoga se relaja/esclarece el cuerpo sutil y eso permite acceder a la dimensión más profunda, la del cuerpo causal o el envoltorio de felicidad, así llamado pues en él la conciencia se reconoce, toma conciencia de sí misma y lo único que queda en ese momento es *ānanda* (felicidad, dicha). Este núcleo supraindividual conforma en nosotros la dimensión original. Cuanto más libres y transparentes estén los demás envoltorios, más vibrará y brillará la conciencia en nuestra existencia cotidiana. Más que el yoga clásico de Patañjali, que tiene por requisito el estado de *kaivalya*, el aislamiento y retirada de la vida sensorial, Thoreau parece practicar una forma emparentada con el yoga tántrico. En este contexto, el objetivo dual de la liberación y de la vida en el mundo se vuelve posible. No existe una incompatibilidad entre la búsqueda de un despertar y la experiencia vinculada con la vida práctica, incluyendo las relaciones en el seno de una familia, entre otras cosas. *Yoga* y *bhoga* (experiencia, gozo) pueden cultivarse de forma simultánea. Sin duda alguna, el estilo de vida influye de forma determinante en la cualidad vibratoria del ser: la alimentación, la organización vital, la actividad física, la alimentación espiritual, etc. Sin embargo, no basta con todo esto, ni por asomo. Eso se debe a que en determinadas corrientes tántricas los adeptos comprometidos con una vía de realización siguen viviendo una vida que, en apariencia, es «como la de los demás», pero desde una gran sencillez. La sobriedad se ejerce en todos los aspectos, no solo en aquellos relacionados con el cuerpo físico (como la alimentación), sino también con el cuerpo sutil: pensamiento, respiración, intuición. El sentido del yo se difumina en favor del altruismo. El aliento-energía se depura, se hace más fluido y se une al aliento cósmico. La función llamada «intuición, facultad de despertar» (*vijñāna buddhi*), que es la que permite distinguir lo verdadero de lo falso, resplandece pues ya no se encuentra aprisionada por las demás. Las corazas que antes aprisionaban sin saberlo el alma individual solían pasar desapercibidas, como, por ejemplo, el pensamiento (*manas*), que es a la vez fuente de ilusión y de liberación, la noción del tiempo, el conocimiento (limitado)...

El poder del desapego tiene muchas virtudes beneficiosas. Entre otras cosas, libera una lucidez mayor. Thoreau tenía esta capacidad de ver las cosas de otra forma, con una perspectiva altruista intuitiva. Nunca temió enfrentarse a la autoridad en cualquier lugar. De ahí surge su ensayo *Desobediencia civil*, del que ya hablaremos, puesto que tendría una influencia innegable sobre actores importantes del escenario sociopolítico que predicaban la austeridad: no solo Gandhi o Martin Luther King, sino también el autor inglés Edward Carpenter, al que se apodó «el escritor horticultor». En una obra suya publicada en 1887, veinticinco años después de la muerte de Thoreau, Carpenter hace una crítica del capitalismo y de la mecanización incipiente que favorece el beneficio en perjuicio de la masa, víctima de la sociedad de consumo. Siguiendo los pasos de Thoreau, sueña con una vida que recupere el encanto a través de la belleza de la naturaleza, el renacimiento de las distintas artesanías, una abundancia de campos y jardines para satisfacer la necesidad individual de estar al aire libre.

Frugalidad, austeridad, sencillez... No son fines en sí mismos, sino parámetros indisociables para tratar de salvaguardar una armonía siempre inestable con lo vivo, la naturaleza, nuestros contemporáneos, y habría que añadir con nosotros mismos también. O tal vez sería un buen punto de inicio. ¿Cómo alcanzar este equilibrio sin conjugar atención, respeto por los demás y una templanza benevolente en las interrelaciones permanentes entre interior y exterior que teje toda existencia?

Dentro-fuera

Un ejemplo curioso del abordaje «holístico» de Thoreau, que no separa la acción de la contemplación, tiene que ver con un tema sensible: las tareas domésticas. ¿Cómo mantener un estado concentrado, sereno, abierto y relajado en una actividad que tan a menudo se considera ingrata? La interpretación que ofrece nuestro ermitaño yogui integra en una unidad abierta no solo acción y contemplación, sino también dentro y fuera, unidad y multiplicidad. Veamos cómo relata una experiencia que bien valdría un *sketch* de culto de los hermanos Marx. Durante este «agradable pasatiempo» a la luz del amanecer, saca el interior al exterior: todos los muebles, el colchón, las sábanas, los utensilios de cocina. Todo lo arroja sobre la hierba. La mesa de tres patas, con sus libros y su pluma, aterriza entre pinos y nogales. Todos esos objetos del interior «parecían alegrarse de haber salido, como si no les apeteciera que volviera a llevarlos adentro» (*Walden*). Esta escena sucede como si la euforia conferida a estos objetos procediera del retorno a su medio original, la naturaleza. No usa productos de limpieza: la arena blanca del estanque le basta para limpiar el suelo. Y el calor del sol para secarlo todo. En mitad de este zafarrancho de combate, el hilo conductor de la unidad interior no se rompe. «Mis meditaciones apenas fueron interrumpidas.» (*Walden*) ¿Acaso este estilo de trabajo doméstico no representa también el yoga? De la misma manera, para los monjes budistas zen, el arte de las tareas domésticas es también una meditación.

A los maestros cachemires del shivaísmo no dualista (s. IX-XIV) les habría alegrado saber que unos diez siglos más tarde un yogui filósofo, lector de la *Bhagavad Gītā*, practicaría el yoga que ellos consideraban auténtico, inscribiendo la propia presencia en la vida práctica. Ese era su *leitmotiv*.

Esta forma de ser nos interesa por distintos motivos. Por un lado, para la vida cotidiana y la práctica del yoga, o de cualquier otro arte. Lo que Henry David nos enseña es que, aunque la forma cambie, lo que importa es el alma. De la misma manera, Abhinavagupta, el mayor filósofo de la India junto con Shankara (s. VIII), pone de manifiesto el valor relativo de los ejercicios concretos en relación con la memoria.

> «Los ejercicios que practicamos para alcanzar la liberación no tienen otro valor que la utilidad para quienes resultan incapaces de acceder directamente a la Esencia universal. Como son los juguetes de la atracción y la aversión, les es imposible zambullirse en la esencia. Se creen incapaces de hacerlo y por lo tanto deben recurrir a ejercicios y a prácticas variadas.»
>
> (*Tantrasāra*, XVI)

¿Y cómo llegar hasta ahí? Es en ese punto que las dos escuelas divergen. Para el yoga clásico, el ascetismo es la única vía, pero la tántrica, la que aborda Thoreau, diría que «lo que hay que elegir como medio supremo para un culto verdadero es esencialmente todo lo que expande la conciencia, la colma de felicidad en cuanto una armonía perfecta se establece entre ella y el universo hasta impregnar con plenitud la morada resplandeciente del brahman [la conciencia]» (*Tantrāloka*, IV.114-121).

Las múltiples fuentes de asombro en el seno de la naturaleza, a lo largo de sus lecturas de los sabios indios o chinos o de sus encuentros con los nativos estadounidenses, podrían clasificarse dentro de esta categoría. Vivida con tal grado de sensibilidad, la sobriedad se torna plenitud, interior y exterior, y contemplación y acción se igualan. Thoreau forma parte del bosque y el bosque forma parte de él. En ese lugar sin ego, su propio yo es como el oro líquido. Se introduce en la trama de un ecosistema de más de 500.000 años que se convierte en un campo de exploración y de reflexión. Walden es su esterilla de yoga. Como tantos otros ascetas indios, hindúes, jainistas o budistas, se refugia en el bosque para encontrarse con la vida y consigo mismo.

Atreverse a la aventura de la metamorfosis, sin la cual ningún camino de realización tiene sentido. Ese es el verdadero germen del yoga que Thoreau integró plenamente en su vida.

> «Esta es la única manera, decimos; pero hay tantas formas como radios se pueden dibujar desde un mismo centro. Todo cambio es un milagro que contemplar, pero es un milagro que sucede a cada instante.»
>
> (*Walden*)

Transforma su vida para vivir una sobriedad en plenitud. Para él la frugalidad tiene el valor de la libertad. No es una privación impuesta desde fuera, sino una búsqueda de exactitud, de equilibrio. En sánscrito, esta cualidad, que se aplica a todos los ámbitos, se llama *sattva*: luminosidad, ligereza celeste, transparencia, benevolencia. Junto con la pesadez-opacidad (*tamas*) y el ardor-pasión (*rajas*) forma una tríada fundamental para la tradición hindú. Sobriedad y libertad, ¿dos caras de la misma moneda? La sobriedad nos impulsa a la libertad de ser nosotros mismos, sin esclavizarnos a necesidades artificiales creadas por la sociedad, la publicidad y el consumismo. Un rigor liberador que garantiza la salud tanto espiritual como física. ¿Acaso hay una civilización antigua que no alabara la sobriedad? En la India antigua, hindúes, jainistas y budistas la erigen como valor supremo bajo el nombre de *templanza*. Este ingrediente es indispensable en una vida acorde con el *dharma*, con la Armonía universal. En los textos sánscritos, el *leitmotiv* de la templanza se expresa de formas muy distintas. Citemos dos ejemplos muy evocativos en el universo del yoga: *sam-YUJ*, 'mantener perfectamente unido' —YUJ es la raíz de *yoga*— y *samatā* (o *samatva*), 'ecuanimidad, igualdad de espíritu'. «El yoga es ecuanimidad, templanza» (*Bhagavad Gītā*, II.48).

La felicidad de la sobriedad crea un espacio, no de pesadez sino de vacío, de luz, para acoger lo que venga, lo que está por venir, lo que «adviene»: es el sentido mismo de la aventura. Un término con aroma a futuro (la terminación en *-ure*), junto con el verbo de movimiento *ad-venio*, llegar. Dejar espacio para lo imprevisto. Sin que haga falta vivir en un tonel como Diógenes, podemos cultivar nuestro arte personal de la sobriedad mediante la regulación de lo que consumimos. «Gracias a la frugalidad, la pobreza puede convertirse en riqueza», aseveró Séneca. Saborear la sencillez que brinda el deshacerse de lo superfluo e inútil es algo que no tiene precio, ¡un lujo superior! La sobriedad vivida con conciencia acompaña de forma totalmente natural el paso al costado de Thoreau. Se plantea como un antídoto a la apropiación material, mental, afectiva... ¡El exceso es la semilla del malestar! Alimentarse mal, gestionar mal los tesoros del planeta... Un crecimiento exponencial no hará otra cosa que abocarnos al absurdo. ¿Cómo encontrar entonces el equilibrio justo en todas las cosas? «Si echas en falta este conocimiento, busca en el interior, en tu sencillez», responde el Maestro Eckhart. En nuestra naturaleza hay un fondo sencillo, un desierto, un bosque.

3. Bosque

Desde su niñez, cuando Thoreau se pone a soñar, evoca siempre el bosque. Una promesa de libertad, de vida intensa, de unidad con lo vivo que él interpreta como un pacto con el universo. Un navegante vería el océano, un pintor, formas y colores, y un músico, sonidos y ritmos. Para nuestro yogui, el bosque no es un espacio exterior, sino las entretelas de su ser. A través de su crecimiento y renovación constantes, despierta en él el sentimiento de la originalidad; todo empieza en un espacio que se le antoja de una variedad infinita, interconectada, que solo sabios y poetas son capaces de venerar.

De la tierra al cielo, el bosque, simbiosis de todos los elementos, es su infinito, el germen inagotable de su imaginario. En él desaparecen la distancia y el tiempo. Sin moverse de sitio, llega al Ganges y conversa con sabios védicos o taoístas. Al abandonar la circunferencia del tiempo, se acerca al centro, fuera del tiempo. Y esa capacidad para sumergirse en la vida salvaje lo convierte en el amigo incondicional de los nativos estadounidenses, confidente de cárabos y de árboles sin edad.

> «Mi reflexión pretende mostrar que lo Salvaje entraña la conservación del mundo. [...] Todos albergamos lo salvaje en nuestro interior.»
>
> (*Ensayos*, «Caminar»)

Hay un mantra que lo acompaña hasta su último aliento: «Indios», que para él significa «la simplicidad y lo natural, la vida libre y de acuerdo con la Naturaleza».

Thoreau suele emplear el término *wild*, 'salvaje', que en él tiene el eco de la verdad del bosque. Pero ¿en qué sentido entiende él el término? Es evidente que no tiene ninguna intención de borrar la presencia de los nativos estadounidenses. Durante muchos años, de hecho, consagró a ellos un estudio etnológico «a su manera», de más de dos mil páginas, que a fecha de hoy no se ha publicado íntegramente. Al mismo tiempo, tal y como muy acertadamente subraya Estelle Zhong Mengual en su ensayo *Apprendre à voir* [«Aprender a ver»], la noción de *wilderness* merece ser replanteada. Y cita, acerca del historiador medioambiental William Cronon:

> «[La *wilderness*] es un constructo mítico extraño según el cual los territorios americanos antes de la colonización de los pioneros eran tierras vírgenes, intactas, deshabitadas, sin labrar [...], cosa que contribuye a borrar a los nativos estadounidenses como habitantes de estos territorios y a presentar estas tierras como disponibles y, por lo tanto, legítimamente apropiables.»

Este pensamiento se opone diametralmente a la aproximación de Thoreau, que desde luego fue el primero a interesarse de una manera tan cercana al modo de vida de los nativos estadounidenses, en perfecta armonía con la Naturaleza. A lo largo de sus excursiones, camina atento a las puntas de flecha que hay ocultas bajo la tierra. Al trabajar su huerto, advierte la presencia de cenizas de sus hogueras, mezcladas con la tierra que remueve. Para nuestro yogui insólito, vivir en el bosque no tiene nada de mortificación. ¡Todo lo contrario! Significa salir al encuentro de la verdad, o más bien de las verdades, en plural, las de lo vivo, la fauna y la flora, los minerales, el cosmos, pero sobre todo de sí mismo. Se trata de una expansión de esa parte oculta del ser, siempre oculta bajo muchas capas y, de forma inconsciente, por las convenciones.

Thoreau fue a vivir al bosque para vivir consigo mismo, en sí mismo. El bosque, a sus ojos, no es más que la proyección del espacio misterioso de la conciencia y de la vida. Podría haberse ido al mar o al desierto. Necesitaba encontrarse cara a cara, sin intermediarios. Acepta esta aspiración —¡cosa rara!— y con ello revela su pertenencia a la familia espiritual de los yoguis: estos seres impulsados por una sed extraña e insaciable, el conocimiento de uno mismo. Se lanzan a la aventura por los caminos de la experiencia: acción, conocimiento, amor, intuición, creación... Todo es un descubrimiento. Algunos siguen vías ligadas a corrientes tradicionales. Thoreau, por su parte, sigue su camino sin ningún maestro. Se acaba consagrando a un texto sagrado, la *Bhagavad Gītā*. Al instalarse en Walden, se inscribe, a su manera, en la línea de la antigua tradición hindú. En la India, los bosques son el territorio predilecto para el ascetismo, la iniciación espiritual o el exilio. Sea cual sea el contexto, es siempre un tiempo dedicado a la soledad, vivida no como un retiro introspectivo, sino como apertura a una nueva luz vital.

Para los yoguis, el bosque o el claro son puntos intermedios (*antara*), término que define un espacio que se despliega entre el individuo y el mundo. ¿A qué viene ese deseo de espacio, de cambio de escenario? Uno de los términos más representativos de la reflexión india sobre la existencia expresa la sensación de estar descentrado, de evolucionar en un espacio incómodo inarmónico. Este «malestar», más psíquico que físico, es una palabra clave tanto en el hinduismo como en el budismo, el diagnóstico unánime de los yoguis en lo que respecta a la condición humana. Hay un malestar, llamado *dukha*, que atormenta al ser humano a pesar de las innumerables distracciones e ilusiones de todo tipo. Nada puede hacerle olvidar su finitud. Por más que se identifique con un «yo», un sufrimiento confuso yace al acecho bajo las cenizas. Enfrentarse a ese malestar retirándose del mundo durante un tiempo, el que haga falta, es una forma de comprender lo que pasa. En el *Mahābhārata*, los Pandavas se retiran al bosque durante doce años. Esta abdicación se convierte en un período de meditación. El exilio en el bosque se convierte en un aprendizaje de la libertad. Lo que algunos ven como una retirada del mundo puede considerarse también un período de reflexión, de preparación para enfrentarse al mundo. La llamada del bosque empieza entonces a susurrar que hay alternativas posibles, otras formas de sentir, de pensar, de amar, de vivir. En lugar de estar des-centrado (*duh-kha*), el ser se orienta hacia el espacio del centro (*kha*), con el que se vincula de forma armoniosa (*su-kha*). El prefijo sánscrito *duh-* es el origen de *dis-*, expresa la idea de dificultad: «mal-centrado». El prefijo *su-*, del que deriva *eu-* (eu-foria, eu-fonía...), tiene un sentido positivo: 'feliz, bueno'. El nombre *kha* es polisémico y designa el espacio de en medio, el vacío en el centro de la rueda, o incluso el espacio celeste infinito. En resumen, *duh-kha*, 'sufrimiento, malestar', da a entender un espacio disociado, separado del centro. En cuanto a su antónimo, *su-kha*, evoca «un estado bien conectado, un espacio feliz».

A Thoreau, cualquier suceso injusto, toda actitud maliciosa le causa este sentimiento de malestar que le impulsará a convertirse en un rebelde:

- La brutalidad de la enseñanza, con castigos corporales que él se niega a administrar. Abandonará muy rápido su puesto de maestro en Concord.
- La guerra contra México, que se le antoja injusta y que le llevará a dejar de pagar los impuestos que la financian, cosa que le valdrá pasar una noche en el calabozo de Concord.
- La esclavitud, que le repugna y contra la cual se comprometerá de forma intensa a título individual.
- El desarrollo de la tecnología y la urbanización, sobre todo en Nueva York.

Su estancia en el bosque le hace sentir con mayor precisión las causas de *duhkha* (la ciudad, las multitudes, la época), además de la experiencia de *sukha* (la armonía con la vida). En este espacio intermedio, se toma el tiempo de plantearse preguntas fundamentales sobre sí mismo, sobre la sociedad, sobre el progreso... La distancia de pocos kilómetros que separa Concord y Walden le ofrece a la vez el retiro necesario para cambiar de perspectiva y el tiempo para ensamblar sus intuiciones. Desde el inicio del siglo xix, en los países occidentales se desarrolla una aceleración de la tecnología y de la industrialización que era de esperar que mejorase las condiciones laborales y existenciales. Queremos creer en un progreso moderno, basado en la ciencia. La felicidad de las comodidades materiales al alcance de la mano. Sin embargo, hay varias corrientes que claman contra los peligros de la mecanización desmesurada: los Románticos o, por ejemplo, el fundador de los falansterios, Charles Fourier, que quería limitar las máquinas y el trabajo a lo estrictamente necesario según las verdaderas necesidades de la sociedad. Estos pensadores y artistas cuestionan esta huida hacia delante y se maravillan ante los misterios de la naturaleza, los bosques y la vida sencilla. ¿Cómo sería nuestro mundo hoy en día si se hubieran tenido en cuenta sus puntos de vista? Las reticencias de Thoreau contra los excesos de una civilización tecnológica resuenan en nuestros oídos como una alerta. ¿Y nosotros? ¿Hacia qué corremos, abrumados, hipnotizados por el rendimiento, hasta olvidarnos de la belleza del mundo? Esto me recuerda al suspiro que soltó Confucio a propósito de su discípulo Yan Hui: «Qué tristeza, siempre lo vi en marcha, nunca lo vi detenerse» (*Analectas*, IX.20), puesto que: «El hombre bien nacido es sereno y afable. El vulgar está siempre agitado» (*ibid.*, VII.36).

Este síntoma de la huida hacia delante, cada vez más rápido, más conectado, no con el interior, sino con el exterior, ¿qué sentido tiene? ¿El diagnóstico definitivo sería el de nuestra *dukha*? Privados de juicio, sin poder tomar distancia, ni siquiera somos conscientes de la absurdidad de la situación. Eso es lo que condena Thoreau, lo que presintió desde sus años de estudiante en Harvard, o incluso antes: a diferencia de sus compañeros, que se lanzaron al comercio o a la industria, Thoreau no quiere adquirir nada, salvo la amistad de los árboles, los zorros, las ardillas. No desea domar nada, excepto su carácter. No quiere desperdiciar nada, ni el agua ni el precioso tiempo de vida que consagra a la lectura de libros llenos de sabiduría o al cultivo de las judías. Y, por encima de todo, se abre un camino vital en el bosque, su verdadero amigo, su confidente, que le enseña siempre una cara nueva. El bosque es una inspiración inagotable para Thoreau, la considera un ser a su imagen que le habla, que respira y de una vulnerabilidad infinita. La deforestación y la mercantilización lo repugnan; en varias ocasiones denunciará los actos mutiladores de un aserradero a través de conferencias y artículos.

Igual que para los Románticos alemanes, el bosque le ofrece un refugio lleno de misterio que desata un poder mágico gracias al cual el individuo puede reponer fuerzas por completo. En el *Yoga-Vasistha*, texto indio medieval, uno de los relatos iniciáticos presenta al rey Shikhidhvaja, que aspira a abandonar su vida pasada, incluyendo su función real. Ha tomado conciencia de la vanidad de las cosas, de la fantasmagoría que suponen los distintos papeles que interpretan los seres en el seno de la familia, de la sociedad..., papeles con los que cada uno se identifica ciegamente, que quedan bien encerrados en el cofre del ego, dejando poco espacio para la libertad espiritual. Todo el espacio interior (*kha*) se convierte en una pantalla de proyecciones internas, de nuestra película individual generada por recuerdos que hemos olvidado, el inconsciente. Los *vāsanā* son los aromas de nuestros actos pasados (físicos, verbales, mentales), que son indelebles excepto bajo los efectos de una catarsis, de la intensidad de una experiencia ritual, espiritual o estética que implica la disolución del ego. «Estoy harto de todo, me retiro al bosque, abandono toda mi riqueza, todo mi deseo», declara el rey desilusionado a su esposa Cudalā. Ella, más sagaz que su marido, sabe perfectamente que lo que le pasa no es más que una fase. La verdadera austeridad requiere un desprendimiento aún más radical: soltar el yo. El bosque, sin embargo, desempeña el papel de *shakti*, el principio femenino original, energía universal y transformadora. Antes de que el rey emprenda su propio proceso de transformación, la reina, sin abandonar el palacio ni sus funciones, ha empezado a cuestionarse su existencia, a hacerse preguntas sobre la fugacidad del tiempo y la impermanencia de todas las cosas. A Shikhidhvaja lo asombra ver cambiar a su mujer: «¿Qué te pasa? ¡Si parece que rejuveneces cada día!» (*Yoga-Vasistha*).

¿Y por qué la imagen del rejuvenecimiento, el regreso en el tiempo hacia el origen? Al recorrer las rutas interiores que llevan del yo a uno mismo (*ātman*), Cudalā camina metafóricamente por los bosques de su ser. Anda, solitaria, y deja libertad plena a las energías de la conciencia que conforman el vacío. En el shivaísmo no dualista de Cachemira (s. VIII-XIV), estas energías llevan el nombre de Kālī, la diosa formidable. Su función es disolver los coágulos inmemoriales que se forman en nuestros cuerpos sutiles, tramas invisibles que tejen nuestro ser individual mental, energético, intuitivo.

En la antigua China hubo también grandes agrimensores de montañas y de bosques, buscadores de lo absoluto, taoístas o budistas. Xuyun, el «monje de las suelas de viento», vivió de 1840 a 1959. Nació en Yunnan, en el sur de China. Su nombre significa literalmente «nube vacía». En el entierro de su abuela, oyó un sutra tan maravilloso que partió en su busca. Se le asoció una imagen cautivadora que también sentaría muy bien a Thoreau: «Al caminar, cada hilo de su vieja ropa que se caía a pedazos fue sustituido por una tela de luz» (Éric Sablé, *Tsu Yun, Le moine aux semelles de vent* [«Xuyun, el monje de las suelas de viento»]).

Cada paso que doy me rejuvenece, cada pensamiento en consonancia con la vida me sana, cada aliento me une a la Vida..., esta forma de ser, en el yoga, implica por necesidad un desprendimiento, sinónimo de crecimiento bajo la luz.

Se aprecia este arte del ingenio en el relato de Thoreau en *Una semana en los ríos Concord y Merrimack*. Se trata de su primer libro, publicado en 1849. En él narra una escapada que él y su hermano llevaron a cabo en 1839, para la cual construyeron un bote con sus propias manos y se aventuraron en rincones salvajes. Las dificultades con las que se toparon dieron pie a reflexiones dignas de sabios yoguis:

«Como la mayoría de los males, la dificultad es imaginaria; ¿qué prisa hay? Si alguien que se pierde concluye que, al fin y al cabo, no se ha perdido, que no está fuera de sí, sino plantado en el punto exacto en el que se encuentra con sus viejos zapatos y que ahí vivirá por el momento, que son solo los lugares que lo han conocido los que se han perdido..., ¿cuánta angustia y peligros se desvanecerían? No estoy solo si estoy conmigo. ¿Quién sabe hacia qué punto del espacio se dirige esta esfera? Y, sin embargo, no nos damos por perdidos: que vaya adonde deba.»

(*Una semana en los ríos Concord y Merrimack*)

Al caminar sin ninguna compañía no deja de estar igualmente unido. Y es que el árbol no es otro que él y pertenece a la misma unidad. Su mirada atraviesa la forma y se convierte en savia, corteza, madera, rama, hoja. Volverse sensible a la belleza de los bosques es para Thoreau un descubrimiento de sí mismo y significa vivir la inmediatez, con libertad.

Por suerte, todos tenemos bosques sagrados. Para Thoreau fue Walden, y para mí, un bosque de libros de poesía, metafísica india o mística medieval. Pero también los bosques que vibran de lluvia y viento, en la Sainte-Baume o donde sea, entre colinas corsas y helechos. Contemplo los dibujos de flechas indias recopilados por Henry David Thoreau en sus excursiones a los rincones más salvajes y me recuerdan a las cortezas de tejo recogidas azarosamente en los paseos por el bosque en las que los gusanos habían dejado caligrafías indescifrables. También veía en ellos reminiscencias de las cortezas de abedul que servían como soporte para escribir en la India. Thoreau hubiera podido escribir en ellos algunos de sus poemas, un versículo de la *Bhagavad Gītā*, un aforismo de Laozi o de Zoroastro. La embriaguez, la danza del bosque, su música, sí, entiendo exactamente qué quería decir Thoreau cuando declara que nunca está solo, puesto que todo vive y entra en resonancia para un cuerpo-alma despierto. ¿Sería eso lo que, en el fondo, fue a buscar al bosque? Recomponer una mirada hecha pedazos, reencontrar la complicidad directa, «salvaje», con los elementos. Esta experiencia de la realidad vibrante se corresponde con la búsqueda profunda del yoga y se manifiesta de forma evidente en las *Veda*, las *Upanishad*, los *Tantra*.

Esta forma de situarse dentro de la gran sinfonía del universo no es una fantasía. Basta con escuchar a los grandes científicos inspirados de los campos de la física cuántica, las matemáticas, la botánica, la astrofísica y muchas otras disciplinas. Todos se maravillan ante la complejidad interconectada de la realidad. El bosque es una prueba obvia de ello. Igual que logramos captar el sonido del Big Bang procedente del universo, el bosque recoge en su silencio lleno de vida la vibración de los orígenes. Lo que pensaban muchos de los primeros pueblos, como los koguis de Colombia, a quien volveremos a encontrarnos por su excelente aproximación a los árboles. Ven más allá de las apariencias y consiguen, de esta manera, entrar en consonancia con lo original.

Embebido de esta intuición, un ser como Thoreau no dudaba en llevar con frecuencia al bosque a los alumnos de la pequeña escuela que fundó junto con su hermano John entre los años 1839-1841. Sus enseñanzas comprenden paseos por el bosque, natación en el estanque de Walden, botánica…, un verdadero paraíso, precursor de la escuela fundada por Tagore en Santiniketan, que compartía los mismos valores. En *Universidad oriental*, Tagore evoca las premisas de su proyecto de educación: se trata de una escuela inspirada por los *tapovana*, «bosques en los que se practica el ascetismo» según la tradición hindú. *Tapas* significa, literalmente, 'empeño'. Hay que despertar el empeño interior, avivar las brasas que duermen bajo las cenizas de los hábitos, de la apariencia y de las normas impuestas, a veces injustas e inadecuadas para la expansión del ser. ¿Qué mejor forma de expresar la angustia ante la violencia de verse reducido a un estado de anquilosamiento?

> «Me sentía como se sentiría un árbol al que, en lugar de dejarlo vivir su existencia con plenitud, lo talaran para convertirlo en cajas de cartón. Aprobamos exámenes y acabamos marchitados y convertidos en administrativos, abogados y agentes de policía, y morimos jóvenes.»
>
> (Tagore, *Universidad oriental*)

Con humor, el filósofo italiano Giambattista Vico resume la visión de los enamorados de los bosques y de la libertad:

> «Todo sucedió en el siguiente orden: primero los bosques, luego las cabañas, los pueblos, las ciudades y, finalmente, las academias eruditas.»
>
> (*La science nouvelle* [«La nueva ciencia»],
> en Robert Harrison, *Forêts* [«Bosques»])

Lo más chocante de esta enumeración tiene que ver con el tiempo y los códigos que implican las distintas estructuras: desde el espacio del bosque hasta llegar al de las academias. Si leemos a Thoreau con atención, el bosque es el marco del *kairós*, el momento feliz y preciso para actuar, el lugar del instante, de lo inesperado, del azar, donde se acompasan las estaciones, la rueda de los elementos, lluvia, viento, nieve.

Por otro lado, el yoga supone también una reflexión sobre el momento adecuado, el instante, el tiempo presente. Etimológicamente, el «presente» está a la vez vinculado con el espacio y con el tiempo: encontrarse en un lugar y encontrarse en una temporalidad contemporánea. Estar presente en el alma, en la respiración, en el cuerpo, en uno mismo y en los demás, sujeto-objeto interrelacionados. Todo tiene lugar dentro de la conciencia: tal es el arte de adaptarse al momento presente. Para la

Bhagavad Gītā, el yoga es el acto hábil, equilibrado, la palabra pertinente y bondadosa, la relación armoniosa dentro-fuera en el momento preciso (*yukta*).[3] La reina Cudalā se convierte en mensajera de estas enseñanzas inmemoriales al dirigirse así a su marido, el rey Shikhidhvaja:

> «Todo es bueno si llega en el momento oportuno. Es en primavera que recogemos flores y en otoño que cosechamos frutas.»

(*Yoga-Vasistha*)

Lo más importante, como ella nos recuerda, es no olvidar ni un instante nuestra esencia inmaculada. Insiste también en el hecho de que el objetivo de la existencia, según la doctrina del Tantra, se encuentra en el doble esplendor del gozo (la experiencia de la vida) y de la liberación. No hay ninguna prisa por aislarse en el bosque para alguien que se encuentra en la flor de la vida. Eso está reservado a la tercera etapa de la vida en la sociedad hindú, tras el período de estudios (*brahmācarya*) y el del cuidado del hogar (*grihastha*). El tercer estadio es pues la estancia en el bosque (*vanaprastha*) y, finalmente, para quienes sienten la llamada, la renuncia absoluta (*sannyāsa*), en la que se parte dejando todo atrás: nombre, familia, pueblo... ¡y los propios deseos! La fase en el bosque está consagrada a la búsqueda de lo esencial, que tiene el sabor del Brahman, la Realidad original que supone conciencia y felicidad. Quienes se entregan a ella verán surgir de la vida en el bosque el sabor de la vida universal, la unión ininterrumpida con la esencia del propio Ser.

En este silencio tan especial que ofrece la vida en el bosque, la existencia se convierte en un campo de metamorfosis. La necesidad probada de retirarse durante un tiempo de un mundo que gira sin cesar, del lastre de las convenciones sociales que nos lleva a una experiencia primordial, como la de Thoreau. La aventura de Walden cobra vida el 4 de julio de 1845 y termina el 6 de septiembre de 1847. Dura, por lo tanto, dos años, dos meses y dos días, algo un poco por el estilo de los retiros de tres años, tres meses y tres días de los budistas tibetanos. Un «emboscarse» que recuerda al de muchos buscadores de la interioridad: refugiarse entre los árboles, que saben mucho más que nosotros sobre la realidad invisible.

---

3. *Yukta*: participio de *YUJ*, 'unir, fijar'; de la misma familia que *yoga*, es un término que, por encima de todo, tiene el sentido de 'justo, apropiado'.

«Todo cuanto sé de la ciencia de Dios y de las Escrituras lo he aprendido en los bosques y los campos. No tengo otros maestros que las hayas y los robles.»

(San Bernardo, Cartas, s. XIII)

Thoreau eligió también como confidentes a los árboles y a lo largo de sus memorias desgrana sus nombres: pino, pino bronco, zumaque, nogal blanco, aliso, chopo, cedro, enebro, castaño, arce...

No obstante, su aventura se prolongó incluso después de su regreso a la ciudad mediante exploraciones de los lugares salvajes que tanto le gustaban. Lo que le fascina es descubrir al otro, la «otredad» en la forma de vivir y de pensar el mundo. Lejos de rechazarlos o considerarlos inferiores, se siente atraído por los indios, tanto los de Oriente como los de Occidente. Al ir a su encuentro a través de los textos (hindúes o budistas) o de la observación directa (de los que viven en territorio estadounidense), el contacto lo hace crecer, alimenta su sed de metamorfosis. Cuestiona las normas y su propio modo de vida. Thoreau pasa toda su vida sumergido en las palabras y los rastros de otras culturas, como un buscador incansable, para aprehender, por contraste, lo que forma los cimientos de sus respectivas identidades. El bosque se convierte en un campo de prácticas, de cuestionamiento y de transformación del yo, cosa que el yoga es por naturaleza. Thoreau no se satisface con hábitos e ideas preconcebidos, impuestos desde fuera, sino que desde dentro trata de dilucidar si la relación que implican es adecuada o no, si está del lado del *dharma* o del *adharma*.

Muy a menudo, Thoreau expresa sorpresa y asombro ante los árboles, los animales, los ríos o las prácticas indígenas, en armonía con estos elementos. En cierta medida, comparte con la tribu Achuar la forma de considerar la fauna y la flora, esos «seres de la naturaleza». A ese respecto, el antropólogo Philippe Descola afirma:

«Ignoran distinciones entre humanos y no humanos que a mí me parecían evidentes, entre lo natural y lo cultural. [...] Al contemplar las plantas o los animales, no veíamos la misma cosa.»

(Diversité des natures, diversité des cultures
[«Diversidad natural, diversidad cultural»])

Al zambullirse en los bosques de Walden, al considerar a los seres del mundo, de fuera, no como objetos, sino como sujetos con los que dialogar, Thoreau abre un nuevo camino en su interior, baila por el movimiento de la vida en el núcleo de una creación que es siempre nueva. Practica, tal vez sin saberlo, no solo el yoga de la acción y del conocimiento, sino también el yoga de la *bhakti*, es decir, la participación tácita en la vida cósmica, agazapada entre las briznas de hierba más cortas, entre las olas del estanque.

«Me encontré de repente convertido en vecino de las aves. No por haberlas enjaulado, sino por haberme enjaulado cerca de ellas.»

(*Walden*)

Incluso las malas hierbas encuentran en él un aliado, pues a sus ojos poseen su propia verdad y belleza y despiertan en él un fervor que sus vecinos no entienden. Experimenta una «simpatía por todas esas malas hierbas que crecen de forma tan exuberante; así va el año [...] se diría que las malas hierbas crecen para jugar y divertirse» (*Diario*).

Por encima de todo, cultiva una energía de amor selectivo, llena de respeto y de veneración para quienes a sus ojos encarnan el ideal de la humanidad: una vida de simplicidad, de conocimiento y de armonía con la Naturaleza. Cosa que le da el encuentro con los nativos estadounidenses. A un amigo occidental que le preguntaba al respecto, un joven kogui le respondió: «De lo que se trata es tan sencillo que no lo veis y, sin embargo, está siempre ahí, en tus narices. Está todo ahí» (Lucas Buchholz, *Kogi*).

4. Silencio

El espacio bajo todas sus formas es una dimensión esencial para Thoreau. En Walden entra en resonancia con los horizontes abiertos y con las guaridas ocultas en los rincones del bosque. Mientras sea algo vivo, salvaje e insólito, cualquier espacio se convierte en una experiencia para él. Y es que el poeta filósofo tiene un único afán: alcanzar su metamorfosis. Bosque, estanque, río, cielo, todos los elementos del paisaje le hablan y revelan su vibración original, desde los chasquidos del estanque helado al susurro de las hojas, del canto matinal de los pájaros al silencio. Ahí está comprendida toda su aventura interior, alcanzar el verdadero silencio, que es la palabra suprema.

Al marcharse a vivir a Walden, quiere experimentar en el continuo de los días y las noches la calma acústica sin la que ninguna música puede aflorar. Va en busca de silencio o, mejor dicho, de un arcoíris de silencios. Lo percibe como el fondo de la realidad, el fondo del ser, que vibra en todas las células del cuerpo. Siempre presente, pasa desapercibido, olvidado, escondido bajo los estratos inconscientes de pensamientos inmemoriales. Permanece a la espera de ser descubierto. ¿Es posible que los conflictos interiores que nos atormentan en la vida se deban a esta falta de atención al silencio?

Thoreau, yogui del bosque, no espera al final de su vida. Desde la juventud se permite un espacio de silencio, no para siestas indolentes, sino para avivar en su interior el eco de los orígenes. Y eso no es otra cosa que la verdadera meditación, una vigilia conectada con el silencio original, universal. Saint-Exupéry lo expresa con júbilo: «No se ve nada, no se oye nada y, sin embargo, algo resplandece en el silencio» (*El Principito*).

¡Qué personaje tan curioso! A quienes por lo general nos gusta pararnos a charlar, ¿nos parecería divertido su estilo atípico? Tomarse espacio para el intercambio de ideas como si estuviéramos en mar abierto, ¡conversar desde lados opuestos del estanque! Para poner silencio en el intervalo y ofrecer a las palabras una caja de resonancia, como un joyero. ¡No decir más que lo esencial! Lejos de banalidades y convenciones, Thoreau alude a unas palabras, *fuera*, *encima*, que se salen de lo ordinario puesto que ocultan otro sentido:

> «Si deseáramos disfrutar de la compañía más íntima con aquello que todos tenemos dentro y que se encuentra fuera, o encima, de la conversación, no solo deberíamos guardar silencio, sino, por lo general, estar tan alejados físicamente que no sea posible en ningún caso oír la voz del otro.»
>
> (*Walden*)

La propuesta que desgrana en Walden acerca del habla, además de en sus otros escritos, da cuenta de la atención extrema que el tema le

merecía. Desea una comunicación sencilla, inspirada, intensa y necesaria. Una comunicación basada en el silencio, que expresa lo inefable. Escrita o hablada, imbuida del alma de un leñador o de un poeta, a sus ojos esa palabra tiene la vocación de ser vehículo de las intuiciones más elevadas, de ser heraldo de una alegría profunda. Leer la *Bhagavad Gītā*, el *Código de Manú*, Homero…, compartir una conversación con alguien que está de paso lo colma de felicidad y le llena de júbilo fulgurante el corazón. Y, sin embargo, la verdadera fuente de embriaguez para Thoreau es ese silencio entre las palabras. Igual que en la música, la cualidad del silencio vibrante en el corazón del artista es determinante: es gracias a él que la potencia de la verdad, de la belleza, pueden expresarse con plenitud.

En realidad, Thoreau es antes que nada un músico. Todo su ser es musical y, por lo tanto, está prendado del silencio. Si sale en busca de una vida salvaje es porque tiene necesidad de recargar energías en un océano de silencio. Un océano que, por supuesto, está lleno de murmullos que aumentan y disminuyen sin cesar, como la sinfonía ininterrumpida del bosque. De esa música de la vida, su cuerpo se convierte en un instrumento vigoroso y sensible. Desde la infancia, de forma autodidacta, parte constantemente hacia lo desconocido mediante la observación de las costumbres de los nativos estadounidenses o la lectura, aprende a controlar el cuerpo-aliento-alma, a convertirse en su músico. Es más, asume un desafío muy poco frecuente: decide convertirse también en compositor, inventar la melodía de su vida, tejida de silencio. Sin embargo, como en una orquesta, es indispensable respetar la armonía general. Se dedica de esta manera —así es su yoga— a percibir los menores ruidos y rumores a su alrededor, animales, vegetación, trenes…, y a integrarlos en su sinfonía vital.

Esta atención creativa lo convierte en aprendiz de yogui. Podríamos también llamarlo aprendiz de *muni*, que es el nombre que se da en sánscrito al sabio, al silencioso. Pues aquel que conoce las profundidades del silencio, que saborea los armónicos, que no tiene miedo de zambullirse entre las olas y abandonarse a las corrientes del silencio es un yogui o una yoguini de verdad. El silencio, de hecho, se conoce desde los orígenes como la dimensión esencial del yoga.

Desde luego, Thoreau no es ni un yogui consumado ni un *muni* perfecto, ¡no hay que idealizar! Sin embargo, además de su búsqueda apasionada y su intuición espiritual, hay una cualidad nada frecuente que tiene en común con *munis* y yoguis: nunca es autocomplaciente. No se da por satisfecho con la rutina, con lo conocido, con los caminos trillados. Quiere ir más lejos, a mayor profundidad, con más sutileza. «Vivir atento», esa es su ley, pero con total serenidad, a la espera de encontrar las chispas de vida que están presentes en todas las cosas. Y para cultivar este grado de concentración, la vibración del silencio es necesaria.

Junto a sus judías y sus mazorcas de maíz, al bañarse en el estanque o contemplar el revoloteo de los copos de nieve, el *muni* del bosque despierta y todo calla, el ruido del mundo, el de los pensamientos y las impresiones diversas. El sacramento de unión entre la naturaleza, el universo y él mismo queda sellado. Observador nato, es el ojo de Walden, el estanque-espejo del mundo. Emocionado por la mirada limpia de una perdiz, se ve reconocido: «Ese ojo no nació con este pájaro, sino que es contemporáneo del cielo que refleja» (*Walden*).

Sabe que el cuerpo-aliento-espíritu es capaz de tal transparencia. Al percibirla, se manifiesta el sentimiento de unidad vivificante y de unión con la esencia universal: «Nunca me siento inspirado si mi cuerpo no lo está también» (*Philosophe dans les bois* [«Filósofo en el bosque»]).

Transparencia del espacio exterior e interior, así entiende Thoreau el silencio. Igual que este no es únicamente la ausencia de ruido, la soledad, para él, no consiste en estar solo. Por más que declare: «Me encanta estar solo» (*Walden*), o que admita que «un hombre que piensa o que trabaja está siempre solo, dondequiera que esté» (*Walden*), la soledad para él no es sinónimo de aislamiento. Para él, la soledad del bosque es una complicidad consigo mismo, con la vida universal:

«¿Por qué iba a sentirme solo? ¿Acaso nuestro planeta no forma parte de la Vía Láctea? Esta pregunta no me parece la más importante. ¿Qué tipo de espacio es el que separa a un hombre de sus semejantes y lo convierte en solitario? ¿De qué queremos vivir más cerca? No de muchos hombres, seguramente [...], sino de la fuente eterna de nuestra vida, de donde por nuestra experiencia sabemos que emana, del mismo modo en que el sauce está cerca del agua y dirige en esa dirección sus raíces.»

(*Walden*)

Silencio y soledad son ingredientes indisociables de una concentración jubilosa, de estados de conciencia serenos y alertas a la vez, de

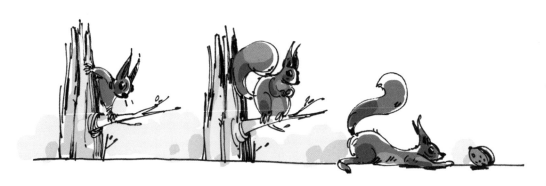

formas de estar presente en uno mismo. La vida invisible, de hecho, llena el espacio que respira:

> «Tengo en casa compañía constante, sobre todo por la mañana, cuando nadie viene a verme. [...] No estoy más solo [...] que el mismo estanque de Walden, [que goza de] la compañía de ángeles azules en el color azulado de sus aguas.»
>
> (*Walden*)

Aprecia la sencillez del silencio de forma extrema porque sirve para pulir el diamante de la conciencia, para desplegar todo su potencial. Thoreau descubrió una verdad universal: al alcanzar las profundidades interiores, en nuestro minúsculo microcosmos individual, se alza un silencio y, de forma natural, se establece un vínculo de confianza con el universo. Estar con uno mismo, dentro de uno mismo, es la clave de una alegría que no depende de las cosas mundanas y estalla sin cesar en las observaciones maravilladas del yogui del bosque. La conexión con lo vivo, con los elementos o los maestros del pasado que lo apasionan es algo que sucede, las primeras veces al menos, en un silencio ensordecedor. Descubre así la sensación de que el sentido del yo se disuelve. Perderlo todo para encontrar lo esencial.

> «No es hasta que nos perdemos, en otras palabras, hasta que perdemos el mundo, que empezamos a encontrarnos y nos damos cuenta de dónde estamos y de la amplitud infinita de nuestros vínculos.»
>
> (*Walden*)

Thoreau, el yogui del bosque, es también un *vīra*, un héroe, a su manera. En el Tantra, este es un término que designa a quienes practican el yoga. Significa, literalmente, 'vigoroso, audaz', dotado de *vīrya*: energía, potencia (relacionado con *vir*, *virtus* en latín). Para completar la conexión con la realidad se precisa una energía sutil, cercana al corazón-conciencia, al alma y dotada de intuición, que pone en práctica una metamorfosis radical. Esta consiste en abandonar los claroscuros de la vida cotidiana, vivida de forma superficial, para adentrarse en lo desconocido del interior. Eso equivale atravesar los distintos grados del silencio hacia la nada. No la nada en el sentido de vacío, sino algo que no tiene ninguna semejanza con lo que creíamos. Todas las prácticas de yoga, en lo que respecta al cuerpo, la respiración, al pensamiento, la palabra, no muestran otra cosa que una dimensión que había permanecido invisible hasta el momento: la libertad infinita.

Los sabios silenciosos, los *munis*, se bañan en este silencio vivo que es el único que permite entrar en contacto directo con la vibración (*spanda*). La consideran la capa más elevada de la realidad, la vida original, la inteligencia cósmica sin la cual nada existiría y que no se puede medir con ningún instrumento. Es imposible de describir, solo se puede intuir. Tal vez Thoreau, durante sus dos años, dos meses y dos días en el bosque de Walden, supo conservar la huella imborrable del silencio hasta lo más profundo de sus células o, incluso mejor, en su cuerpo sutil. Si para descubrirlo en toda su plenitud a menudo es preciso retirarse del mundo, una vez que este se impregna en lo más profundo del ser, el sabor del silencio regresa siempre que se lo invoca. El sabio Saraha (¿s. VIII?), uno de los ochenta y cuatro *mahāsiddha* (seres realizados) relacionados con el Vajrayāna, solía sumergirse, cuando estaba solo, en un estado de abstracción profundo (*samādhi*). Cuentan que una joven le dijo: «Que un cuerpo esté en soledad no significa que esté solo... La mejor soledad es la de un espíritu liberado de nombres y conceptos».

A esta experiencia tan particular de soledad, distinta a la soledad normal y corriente, los sufíes le dieron el nombre de *naqshbandi*, «la soledad entre la multitud». La presencia interior no excluye, en este caso, la vida en el mundo. Algunas prácticas de meditación constituyen un entrenamiento que permite integrar impresiones mentales, sensoriales, actos físicos, verbales, etc., dentro del halo de la conciencia. La atención se centra primero en un objeto sensorial, luego en la mente, hasta que no queda nada más que la sensación de la respiración. Inspiración y espiración forman entonces el ritmo de una lanzadera que conecta en un mismo recorrido el universo y el individuo. Nuestro yogui del bosque hubiera captado con facilidad el sentido de estas ideas, y tal vez incluso llegara a practicarlas de forma espontánea, sin saber que otras civilizaciones también cultivaban el esplendor del silencio. Es tentador creerlo al leer cómo evoca los distintos matices sonoros, cada vez más tenues, cercanos a una resonancia imperceptible:

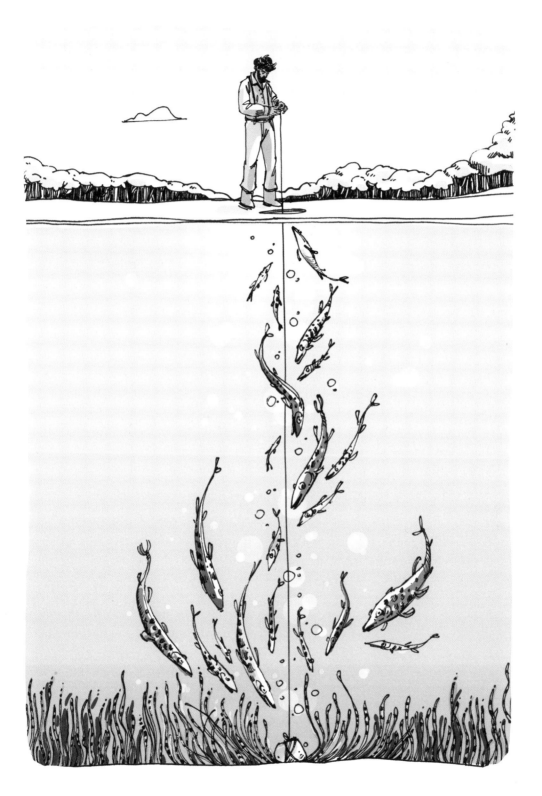

«Y luego está el maravilloso silencio de un día de invierno. Las fuentes de sonido, como el agua, quedan congeladas y apenas se oye el barboteo apagado de un riachuelo. Al escuchar con atención, se percibe solamente el ruido de un oleaje interno, que crece y se agranda en nuestros oídos como en el interior de dos caracolas. Es el domingo del año, el silencio audible en el que el sonido más perceptible es el de los chasquidos y crepitaciones del hielo, como si este luchara por expresarse.»

(*Diario*)

Goraksha (s. xii) es una de las figuras más importantes del yoga, puesto que se lo considera una de las fuentes del hatha-yoga. Pertenece, en el seno del Tantra, al prestigioso linaje de los Nātha-yogui. Se le considera un yogui alquimista que consigue unirse a las energías cósmicas originales.[4] Como todo yogui, se zambulle en este tipo de experiencia, tan sencilla y evidente para los buscadores motivados, pero del todo inusual para quienes no le ven el sentido.

«¡De nada sirve exteriorizar la conciencia! Así se percibe el interior,
se expulsa toda preocupación, ya no hay que pensar en nada. (138)
Al principio de la práctica se oye un sonido potente, de aspectos
      variados,
y luego, al profundizar en la práctica,
el sonido se percibe con mayor sutileza.» (144)

(*Goraksha-vacana-saṃgraha*)

Un término importante en el yoga, *nāda*, se refiere a la resonancia, al sonido sutilísimo, casi inaudible, que percibe en su interior el yogui que está profundamente absorto en *samādhi*. Esta percepción interna, avivada por la energía de la atención, tiene una correspondencia con el sentimiento de espacio ilimitado, vacío, hecho de silencio. Y va acompañada de dicha. La resonancia del silencio también la evocó Abhinavagupta, para quien la realidad definitiva es vibración primordial, conciencia pura percibida como luz-energía. En ella surge la manifestación total en toda

---

4. Colette Poggi, *Goraksha, yogin et alchimiste* [«Goraksha, yogui y alquimista»], Les Deux Océans, 2018.

su diversidad. Y en ella se repliega también. Esta conciencia viva vibra como la esencia de todo lo que es:

> «Porque tiene la naturaleza de una recuperación infinita, esta conciencia está dotada de una resonancia que no se apaga nunca y que podemos llamar el Gran Corazón supremo. Es una toma de conciencia de uno mismo en el Corazón que los textos sagrados llaman "Vibración cósmica"; a partir de ella se despliega y se recoge el universo entero [...]. Esta Vibración es efervescente, perfectamente libre y autónoma. Sin ella no existiría ninguna conciencia de nada de lo que existe. Es la Esencia del universo. Tiene por esencia el Gran Corazón.»

(*Tantrāloka*, III)

Desde luego, Thoreau a su manera percibió este *spanda* de acuerdo con su «soy». Lo celebra, se une a él en el silencio de su fuero interno cada vez que con todo su ser toma conciencia de la calma del bosque. Tal como dice, allí donde no se oye ni un grillo, ni el susurro de los castaños, donde todo está en silencio. Puede asimilar sin interrupciones la trama de silencio en las profundidades cósmicas de las que surgen todas las formas. «En lugar de cantar como los pájaros, sonreía en silencio» (*Walden*), confiesa el yogui del bosque. Esa sonrisa nos recuerda la de algunas divinidades hindúes y budistas, expresa una plenitud, un acuerdo tácito con el ritmo universal, una plenitud de conciencia. El adverbio sánscrito *toushnīm* ('silenciosamente'), deriva de la raíz etimológica *TOUSH*, que significa 'regocijarse'. El estado de felicidad y el silencio fueron percibidos como dos aspectos de un estado centrado, «yóguico». El silencio puede ser percibido como «terapéutico» por los seres sensibles «dotados de corazón» (*sahridaya*), sea en la naturaleza, en la experiencia estética o espiritual. Una experiencia tal, que se remonta a los Vedas (dos milenios antes de nuestra era), queda patente en la puesta en escena del ritual, en el que el silencio (*mauna*) se sitúa en el corazón del rito.

Mientras los oficiantes caminan en círculos mientras salmodian mantras, un brahmán se coloca en pie en el centro del espacio sacrificial, inmóvil, silencioso, pero plenamente consciente. Su papel consiste en supervisar que no se cometa ningún error en la coreografía. Como pilar central del templo, inmutable, irradiando por todos lados, su conciencia está alerta. Con su presencia silenciosa encarna lo absoluto, el Brahman. En cualquier caso, si por casualidad se colara algún error durante la entonación de los mantras, o en los gestos y recorridos, sería él, el silencioso inmóvil, quien se encargaría de «reparar» el ritual. Como el director de orquesta, consciente de la sinfonía que se despliega a su alrededor, este brahmán simboliza la arborescencia infinita del universo, el Brahman inefable. El silencio aquí no es ausencia de sonido o de palabras, sino fuente de vida infinita que desborda cualquier forma de expresión. Es lo inexpresable. Esta carga de significado hacia la que tendemos sin alcanzarla jamás es la que, de forma misteriosa, confiere a las cosas su belleza.

La *Bhagavad Gītā* que Thoreau lee todas las mañanas también asimila la vibración del silencio a la esencia universal:

«Soy el sabor en el agua, soy la luz en la Luna y el Sol, soy la sílaba *AUM* en el *Veda*, la vibración sonora en el espacio, soy la humanidad en el hombre.»

(VII.7-8)

El yogui del bosque medita al amanecer. No sabemos en qué postura, pero sin duda en una natural, una que favorezca la estabilidad y la relajación, como recomienda Patañjali en los *Yogasūtra*:

«La postura [debe ser] estable y cómoda /
Firmeza tranquila, armonía bien centrada, [tal es] la manera precisa
    de estar [en esa postura].
Gracias a la relajación serena del esfuerzo y a la adaptación [del
    alma] al infinito /
Gracias a soltar [toda actividad] y a acompasar [el ser] con el infinito.»

(II.46-47)

Así, situado entre la tierra y el cielo, el yogui se convierte en una antena que capta las resonancias universales y llama a la metamorfosis, a la eclosión de la crisálida. Seguir el ritmo de la respiración, que a veces está contenida, como en un asombro repentino, dejar que se desvanezcan los pensamientos... Son cosas que Thoreau pone en práctica y cultiva. De la misma manera, es un gran lector del filósofo chino Laozi, autor del texto fundacional del taoísmo, que preconiza «abrazar el principio del que todo el universo es la manifestación». Para Thoreau, el bosque de Walden es un reflejo de ese «principio». Observar el vuelo de las aves que no dejan rastro en el cielo, igual que sucede con los pensamientos del *muni*. Comprender que la circunferencia solo existe a través de su centro, que la propia vida, a través de la conciencia-energía, no es más que una chispa de la Conciencia-energía cósmica. Y así el yoga se convierte en una celebración de la vida, en un germen de energía. Y nosotros, ¿qué hacemos para honrar la vida? ¿Qué espacio dejamos para el verdadero silencio, el que pone en marcha la rueda de la Armonía en nuestra existencia? Thoreau nos revela la alegría de ver la calma, el silencio en el ambiente, que despiertan su vitalidad:

> «La tranquilidad, la soledad, la vida salvaje en el seno de la naturaleza son un estimulante para mis pensamientos. Es lo que busco durante mis paseos. Todo sucede como si, en cada ocasión, fuera a esos lugares en busca de un amigo muy querido, invisible, majestuoso, inmortal, de una benevolencia infinita. Como si caminara con él.»

> (*Diario*, IX)

Quienes caminamos desde hace algún tiempo con el *muni* de Walden podemos seguir sus pasos con la imaginación. Soñemos gracias al silencio que rodea su cabaña o su bote, su diálogo sin palabras con los árboles, los zorros, las marmotas. Persigamos el mismo sueño que él: dejémonos colmar por la sensación que experimenta de «ser uno», en osmosis con la vida universal. Sin duda, una noche sentado sobre una roca, contemplando el cielo estrellado, tendría un relámpago de intuición digno de los *Upanishad*: «El hombre no ha tejido el tapiz de la vida, él mismo no es más que un hilo en ese tapiz; todo lo que le haga al tapiz se lo hace a sí mismo».

Para Thoreau, la conciencia del silencio maravilloso, en segundo plano, no conlleva un rechazo del mundo, sino la aceptación desapegada de las tormentas de la existencia y de sus períodos de calma. Toda la vida debería convertirse en yoga, yoga del conocimiento y de la acción. Es por eso por lo que no ve contradicción alguna entre su afición al silencio, a la meditación, y el hecho de comprometerse con las causas que considera justas. Se apropia del lema del *Tao Te Ching* de Laozi, que propone al sabio vivir su vida en el mundo, conectado con un silencio profundo: «Que el pez no salga de las profundidades» (I.36).

Dar un paso al costado cuando decide trasladarse a Walden, elegir la austeridad como modo de vida, cultivar el ser interior en el corazón del bosque, embriagarse de silencio son el caldo de cultivo para una forma de ser y de actuar más abierta y altruista. El yogui del bosque siente una preocupación íntima por el sufrimiento de los más necesitados, por la expansión de la tecnología, de la urbanización. Se reconoce como «hijo del mismo tapiz» y, por lo tanto, solidario con todos los seres y con la naturaleza, y amigo de las conciencias vivas con las que se comunica, más allá del tiempo y del espacio. Para él, tomar conciencia significa actuar. Toma partido contra los actos inaceptables, por no decir inhumanos de su época, como la esclavitud, la persecución de los nativos estadounidenses o la destrucción de parajes naturales. El vigor del yoga en el bosque insufla a Thoreau una energía inagotable para dar vida a los principios de humanidad en los que cree y por los que no cesa de luchar.

5. Compromiso

En todas las cosas, Thoreau cultiva el arte de la simplicidad basada en una lucidez sin concesiones. Periodista, filósofo, naturalista, botánico, etólogo, se distancia para observar, reflexionar, maravillarse. Y a menudo para indignarse. Su vida oscila entre el éxtasis en el seno de la naturaleza y el enfrentamiento con las realidades indignas de su época como la esclavitud, la persecución de las tribus indígenas y la tala de árboles. Toma partido y se sumerge en la cultura en vías de extinción de los nativos estadounidenses. Nunca desiste ni pierde la esperanza. Si alguien se le hubiera enfrentado con un: «¿De qué sirve?», él hubiera respondido citando la *Bhagavad Gītā*: cada uno es, en parte, responsable de lo que sucede.

El yogui del bosque se deja guiar por lo que le inspira el sentido del *dharma*. Para los sabios de la antigua India existe una especie de intuición directa de lo que es justo, que contribuye a la armonía cósmica. La *Bhagavad Gītā* le transmite un primer precepto: hay que luchar para alcanzar el *dharma* y la inacción por negligencia sería una incomprensión de los preceptos hindúes impartidos por este texto hace dos mil años. De esta manera, Thoreau se convierte en un grano de arena en los engranajes de la sociedad para denunciar sus imperfecciones y proponer remedios. Un segundo precepto está relacionado con la naturaleza de los actos, que para alcanzar una total eficiencia deben ser desinteresados. Esto supone a menudo una hazaña yóguica, pero es la clave del yoga de la acción en el mundo: mantener la calma y la presencia alerta en todos los actos de la existencia.

Un espectador comprometido de su tiempo, el ermitaño-yogui posee una conciencia «conectada» con el mundo. Para percibir la realidad de forma más lúcida, debe librarse de las cargas espirituales comunes que emborronan la visión de las cuestiones esenciales: los problemas ajenos, la preservación de la naturaleza salvaje. Su espíritu libre no puede permanecer de brazos cruzados ante la negación de los humanos. A través de sus actos, sus palabras y sus textos, se opone y se resiste, acoge fugitivos como una proclama de sus ideas antiesclavistas y redacta ensayos para cambiar las cosas. Algunos dejarían huella, como *Desobediencia civil*. No puede estar más alejado de la mediocridad pasiva y no deja de cuestionar sucesos injustos, de enfrentarse a las amenazas que pesan sobre la libertad y el respeto a todo el mundo, de denunciar la superficialidad y la ausencia de lucidez, ambas causas de infelicidad. En esto encontramos una traducción de la concepción india de la ignorancia (*avidyā*) como causa del sufrimiento humano (*duhkha*):

> «Vivimos las vidas mezquinas porque la visión no nos alcanza para ver más allá de la superficie de las cosas. Creemos que todo es lo que parece ser.»
>
> (*Walden*)

La «simplicidad de la mirada» permite ver de forma límpida lo verdadero, es garantía de integridad. El cuerpo-aliento-conciencia debe dejar transparentar «lo verdadero, lo sublime» en su ser, pues sin esta intuición no se puede ser fiel al propio ideal a largo plazo. Para Thoreau, este fervor, este despertar, debe vivirse desde lo cotidiano:

> «Es cierto que hay algo verdadero y sublime. Pero todos estos momentos y lugares y ocasiones son ahora y aquí.»
>
> (*Walden*)

El primer peldaño de los ideales que a su modo de ver componen el *dharma* es, pues, el altruismo. El respeto por los demás, cualquiera sea el tono de su piel, le parece una evidencia absoluta. La segregación lo repugna. Sus padres acogieron en su casa a una familia negra que huía de Virginia y les compraron los billetes para llegar hasta Canadá y empezar una nueva vida.

Yoga de la acción, yoga del conocimiento, el yoga de Thoreau no es un yoga de ensoñaciones. Como declara Krishna a un Arjuna desamparado, en mitad del campo de batalla, el yoga es la «perfección en los actos». Lector también de Zoroastro, Thoreau se apropia de su sabiduría fundamental que aúna «buenas palabras, buenos pensamientos, buenos actos». Esta base ética forma, junto con la bondad universal, las condiciones necesarias de la felicidad humana, que está indisolublemente vinculada a la armonía en el mundo, como expresa el texto sagrado del zoroastrismo: «La mejor vida pertenece a quien va hacia la luz y comparte con los demás» (*Gathas*, VIII.2). El yogui del bosque sigue la misma estela. La urgencia consiste en desentrañar las ideas tóxicas que suponen la discriminación racial, la subyugación de una parte de la humanidad por la otra, la explotación de la naturaleza en provecho de un progreso perjudicial. Su moral es sencilla: transformar la perspectiva, expulsar la indolencia y toda concesión, refinar las intenciones. Para armonizar con el *dharma* hace falta desentrañar y arraigar previamente dentro de uno mismo la intención más justa. Sin eso, el compromiso no se basa en un acto justo, ya sea mental, verbal o físico. En el pensamiento indio, la intención se entiende como una corriente de conciencia que pone al individuo en armonía con su destino, abriéndole el camino para que se comprometa con la existencia y cumpla con su tarea personal (*svadharma*).

Según los *Yogasūtra* de Patañjali, los dos primeros miembros entre los ocho que formaron las reglas fundamentales del yoga real (rāja-yoga) se llaman *yama* y *niyama*: observancia y contención. Las observancias ligadas a la vida social son las siguientes: no-violencia (ahimsā), ausencia literal del deseo de perjudicar, verdad-sinceridad (*satyā*), honestidad (*asteya*), control de los sentidos (*brahmācarya*), no-posesividad (*aparigaha*). La contención está relacionada con la disciplina personal: pureza (*saucha*), satisfacción (*santosha*), ahínco en la práctica (*tapas*), estudio de textos y de uno mismo (*svadhyāya*), abandono de uno mismo ante un principio superior, ante lo divino (*ishvara-pranidhana*). En todos los aspectos del yoga, la intención tiene un papel clave. Patañjali le dedica varios versículos. A modo de ejemplo, citaremos cuatro que inciden en la energía de la conciencia. Cuando se presentan pensamientos negativos, afirma, como la violencia, el deseo, las ganas de mentir o de apropiarse de algo ajeno, hay que generar pensamientos opuestos.

«Cuando uno está perfectamente asentado en la no violencia, hay un abandono/desaparición de la hostilidad.»

(II.35)

«Cuando uno está perfectamente asentado en la verdad/sinceridad, los frutos de la acción [llegan].»

(II.36)

«Cuando desaparece el deseo de robar, aparecen todas las joyas.»

(II.37)

«Cuando uno se asienta en una forma de ser muda a través del Brahman/por una vida de ascetismo, obtiene una energía llena de coraje.»

(II.38)

Respecto a la primera idea citada, Martin Luther King declaró:

«La no violencia es una cosa extraña que, al instaurarse, hace que nadie sufra una derrota y todos compartamos la victoria.»

La primera intención feliz es la de comprometerse, es decir, de ponerse en camino y, como decía Goethe: «Aprender a estar en camino significa redescubrir la felicidad tan a menudo amenazada por el hecho de ser humano». Eso es algo que solo la experiencia es capaz de revelar. En julio de 1840, Thoreau se zambulle en la lectura del *Manusmriti* (*Código de Manú*), traducido al inglés por William Jones en 1796 y que su amigo Emerson tomó prestado del Athenæum de Boston. Al año siguiente se aloja en su casa y aprovecha para copiar numerosos pasajes de este texto del siglo II a. C. que hablan del *dharma*. Lo apasionan diversos temas de los que trata, que compartirá en un ensayo inédito acerca del comportamiento justo para con uno mismo y los demás, la meditación relativa a la acción... Para Thoreau, el respeto por el prójimo y por la libertad son una condición fundamental de la convivencia. A sus ojos no hay nada más fundamental. Se compromete con las grandes causas de su época que considera importantes: la lucha contra la esclavitud, contra la guerra de México, contra el destino reservado a las tribus indígenas expulsadas de sus tierras ancestrales, contra el maltrato de la naturaleza y a favor de otras causas cuyo fin es hacer el bien. Se compromete con sus actos, pero también con numerosos textos y conferencias que multiplica en defensa de causas candentes.

La abolición de la esclavitud: es en este proyecto más que ningún otro que Thoreau se implica, con plena conciencia del horror de esta práctica. Sus amigos Ralph Waldo Emerson, Margaret Fuller, Amos Bronson Alcott, pertenecientes a la corriente transcendentalista, son también abolicionistas. El movimiento contra la esclavitud consiguió a finales del siglo XVIII imponer la abolición en Francia, aunque pocos años después la decisión sería puesta en tela de juicio por Napoleón. De la misma manera, a partir de la Revolución estadounidense, los primeros estados conciben el proyecto de la abolición. Los revolucionarios, entre ellos Benjamin Franklin, se encuentran en París. Ese combate adopta la forma de un enfrentamiento norte-sur que prefigura la futura guerra de Secesión. De entrada, Thoreau es partidario de una resistencia no violenta que hace que, por ejemplo, se niegue a pagar impuestos a un gobierno injusto en lo que supone la premisa para una «desobediencia civil». Sin ir más lejos, la obra que escribió Thoreau al respecto tenía originalmente el título *Resistance to Civil Government* [«Resistencia al gobierno civil»]. Acerca de un gobierno que tolera la esclavitud, declara:

> «Un hombre que se asocie con el gobierno estadounidense no puede hacerlo sin vergüenza. Yo no puedo, ni por un instante, reconocer como mi gobierno la organización política que también es el gobierno del esclavo.»

> *(Desobediencia civil)*

Algo más adelante, une a la condena de la esclavitud la de la guerra contra México (1846-1848):

«Si un millar de hombres se negaran a pagar sus impuestos este año, la medida no sería tan violenta y sangrienta como pagarlos y permitir así al Senado que cometa actos violentos y vierta sangre inocente. Esta es, en verdad, la definición de una revolución pacífica, suponiendo que tal cosa sea posible.»

(*Desobediencia civil*)

Más adelante, esta forma de actuar dejó de parecerle suficiente. Un suceso concreto lo indignó hasta tal punto que cambió de opinión: el arresto y posterior condena a muerte, en 1859, del capitán John Brown, que lideraba una ofensiva contra el *Slave Power* y fue acusado de matar a cinco esclavistas. Durante dos meses, de octubre a diciembre, Thoreau escribe a diario sobre el tema en su *Diario* y da varias conferencias en Boston y en Concord tituladas *A Plea for Captain John Brown* [«Alegato por el capitán John Brown»]. El año siguiente publica *The Last Days of John Brown* [«Los últimos días de John Brown»] en las columnas de opinión del periódico abolicionista *The Liberator*, y el 14 de julio da en Framingham la conferencia titulada *Slavery in Massachusetts* [«La esclavitud en Massachusetts»]. Thoreau cree que hay situaciones que exigen algo más que una acción no violenta y, como dice Arjuna, hay que saber integrar la violencia en la acción, aceptar la lucha, aunque signifique quitar la vida a quienes violan el *dharma*. ¿Es esa la mejor, la única solución? Es un dilema imposible de resolver.

Resistencia civil: es todo cuestión de tomar conciencia. Hay que sacudirse los yugos mentales. Algunas corrientes del pensamiento indio nos enseñan que el otro y uno mismo no son entidades separadas. Para el filósofo indio de los siglos x-xi Abhinavagupta, esta separación es una mera ilusión. Cada «soy» existe en osmosis, separado en apariencia, pero no aislado de los demás, igual que las células del cuerpo son individuales y a la vez existen en osmosis con las demás. Fundamentalismos, tribalismos de todo pelaje, ¿por qué encerrarnos en el miedo y el odio? Abrirse, acoger, descubrir... Es asombroso darse cuenta de que el espíritu de Thoreau, alimentado por el germen de la *Gītā*, tendrá un cierto alcance en la India. El concepto indio de *ahimsā*, que Thoreau pone de manifiesto en *Desobediencia civil*, será una inspiración para Gandhi, Martin Luther King, Tolstói, Martin Buber, Hannah Arendt o, en Francia, la famosísima lucha del Larzac en la década de 1970. Durante su estancia en Suráfrica, cuando era un joven abogado, Gandhi se encuentra con la segregación racial. Descubrir el texto de Thoreau en la cárcel supone una revelación para él, de la que podemos encontrar ecos en este fragmento del *Hind Swaraj*:

> «La verdadera autonomía es ponerse reglas propias y ser dueño del propio destino [...]. Bastaría con que el hombre se diera cuenta de que es inhumano obedecer a leyes injustas para que ninguna tiranía humana pudiera someterlo, pues esa es la clave del principio de tiranía.»

> (*Hind Swaraj*)

En 1907 pone en práctica un elemento de su tradición hindú, la «fuerza de la verdad» (*satyagraha*), para oponerse a la ley racista que azota a la comunidad india. De regreso en la India, Gandhi aplica el *satyagraha* en distintas medidas de gran alcance que mostraron dar resultado en la lucha por la independencia de la India: manifestaciones, huelgas, la marcha de la sal... El pensamiento visionario de Thoreau fue una semilla potente, más allá de las fronteras del tiempo y el espacio, aunque, por influyente que fuera, sus actos fueron siempre individuales, no colectivos, en consonancia con su temperamento independiente.

Indígenas: en la sociedad estadounidense contemporánea a Thoreau, los esclavos y los indígenas son parias. Unos son sometidos y otros, obligados a abandonar sus territorios. En nombre de la civilización se impone una voluntad de dominio, de domesticación de la naturaleza. Para Thoreau, los nativos estadounidenses son el arquetipo de humano que vive en armonía con la naturaleza, representan un ideal. Justo antes de soltar el último aliento, Thoreau susurró dos últimas palabras: *moose*, el alce poderoso y majestuoso al que Thoreau tuvo ocasión de mirar a los ojos en varias ocasiones, y luego *indian*, en un acto muy revelador de la conexión íntima del yogui del bosque con el alma de los nativos estadounidenses. Impulsado por una crítica sin concesiones a la mentalidad progresista estadounidense, encuentra en la sencillez de la vida de los indígenas en armonía con la naturaleza una fuente de inspiración fecunda que nutre su imaginación.

Amigo de los nativos estadounidenses, admira y respeta profundamente su cultura, sus prácticas y ritos. El gusto por la diferencia aviva su búsqueda. Abrirse al «otro» para llegar más lejos y transformarse es un motivo poderoso para él. Se anticipa a las palabras de Philippe Descola:

> «De hecho, intentar identificarte con gente cuyo modo de vida es distinto al tuyo con el objetivo de comprenderlos mejor a un nivel profundo, de compartir sus alegrías y sus penas, los motivos que tienen para obrar como lo hacen, te llevará necesariamente, por contraste, a cuestionar la evidencia de los hábitos vitales de tu propia comunidad. Te habrás vuelto un poco otro y a veces casi extranjero respecto a lo que eras antes.»

> (*Diversité des natures, diversité des cultures*
> [«Diversidad natural, diversidad cultural»])

La investigación efectuada por Thoreau sobre los nativos estadounidenses se extiende a lo largo de quince años, desde 1847 hasta su muerte en 1862, y roza la militancia: se zambulle en más de doscientas obras, las *Relations des jésuites* [«Relatos de los jesuitas»], los estudios de Samuel de Champlain, la *Generall Historie of Virginia* [«Historia general de Virginia»] de John Smith, la *Historical and Statistical Information respecting the History, condition and Prospects of the Indian Tribes of the United States* [«Información histórica y estadística al respecto de la historia, condición y porvenir de las tribus indias de Estados Unidos»] de Schoolcraft, redactada entre 1851 y 1857. Descubre también el pensamiento de Thomas Jefferson y Charles Darwin. Gracias a sus aptitudes para la observación y su capacidad de concentración (¡el yoga del conocimiento!) lleva a cabo una investigación fuera de lo común para su época y que aún hoy es desconocida: los *Indian Notebooks* [«Cuadernos indios»], que comprenden más de dos mil páginas y contienen información de tipo antropológico y etnológico. Este manuscrito desconocido, inédito en nuestro país y editado solo parcialmente en Estados Unidos, contiene información valiosísima sobre muchos temas: viajes, música, juegos, celebraciones, viviendas, alimentación, ritos funerarios, historia y tradiciones, costumbres, matrimonio, artesanía, educación, vestimenta, pintura, vocabulario, talla de madera, caza, pesca, supersticiones y religiones, medicina, guerra. Entre 1840 y 1850, Thoreau explora así los diccionarios de lenguas amerindias.

«Un diccionario del lenguaje indio nos revela otra vida totalmente nueva. Fijémonos en [...] la palabra *wigwam* y veamos lo mucho que nos acerca al suelo [...]. Me revela una vida dentro de una vida, o más bien, una vida sin vida, como si recorriera el bosque entre nuestras ciudades sin que podamos nunca seguirle las huellas. La vida terrestre de los indios está tan alejada de nosotros como el cielo.»

(*Diario*, X)

La historia de los nativos estadounidenses aparece a menudo desde otra perspectiva: ya no es el punto de vista de los colonos blancos que expulsan a los indígenas de su casa, sino el de los propios indígenas con quien Thoreau siente una empatía total, seres que viven libres, en una armonía perfecta con la naturaleza y el universo, hasta la expulsión de sus tierras. En 1859, Thoreau consagra al volumen XI de su *Diario* unas palabras de gran alcance, más aún teniendo en cuenta la época: según él, el pensamiento de una mal llamada tribu de salvajes es, por lo general, mucho más justo que el de un solo hombre civilizado. Esto es así porque se guían por ese espíritu de la humanidad.

En *Los bosques de Maine* (1852-1852) encontramos el mismo tono de admiración, el sentimiento de éxtasis ante el contacto con el cosmos:

«Y así un hombre debe construir su vida aquí, al borde de la tierra salvaje, a la orilla del río indio Millinocket, en un mundo nuevo sumido en la oscuridad de un continente, con una flauta para tocar por la noche y hacer llegar sus notas a las estrellas entre los aullidos de los lobos; vivirá, por así decirlo, en la edad primitiva del mundo, como un hombre primitivo.»

(*Los bosques de Maine*)

Se nota perfectamente que la experiencia de nuestro yogui no se limitaba a los libros. Escuchaba sus palabras en el fondo de los bosques de Maine y en las praderas de Minnesota. Entra en contacto con las tribus indígenas en los bosques del noroeste de Minnesota y traba amistades muy estrechas con miembros de la tribu de los Penobscot. Joe Aitteon y Joe Polis fueron sus guías en los bosques de Maine y lo llevaron a descubrir realidades hasta entonces desconocidas. ¿Qué es lo que busca? ¿Acaso lo que pretende no es otra cosa que encontrarse a sí mismo? Veamos lo que tiene que decir el historiador y antropólogo Jean-Pierre Vernant sobre esto:

«Para ser uno mismo hay que proyectarse hacia el que es extranjero, prolongarse en y por él [...]. Habitar encerrado en la propia identidad significa perderse y dejar de ser. A través del contacto, del intercambio con el otro, nos conocemos, nos construimos. El hombre es un puente.»

(*La Traversée des frontières* [«El cruce de fronteras»])

Naturaleza: Thoreau también se compromete, a su manera, con la conservación de la naturaleza. Es uno de los primeros en anticipar los cambios venideros, en alzar la voz de alarma ante la deriva del progreso tecnológico: el ferrocarril, la urbanización, la industrialización, que en esos momentos se encuentran en sus inicios. ¡Cuidado, progreso!, podría ser su advertencia. Manifiesta grandes reservas acerca de los espejismos de la modernidad incipiente y más aún acerca de la confianza ciega que despiertan. Teme la uniformización: el ferrocarril por todo el mundo «equivaldría a aplanar la superficie de todo el planeta» (*Walden*).

Durante la segunda mitad del siglo XIX podemos identificar el desarrollo de dos grandes fenómenos que revolucionaron las sociedades occidentales: la industrialización y la urbanización. Al enfrentarse a este mundo artificial que el hombre ha creado pero que no domina realmente, un mundo que lo aliena mediante el trabajo en cadena, que amenaza con destruirlo con la contaminación, con accidentes industriales, la naturaleza se presenta como un refugio, un remanso de paz y una solución. Si Thoreau conociera nuestro mundo ruidoso e hiperconectado, con la dispersión mental que conlleva, ¡seguro que regresaría a Walden sin dudarlo ni un segundo! La construcción del ferrocarril es, a su parecer, el primer indicio de los cambios que prevé y que desaprueba: en 1843 descubre que la línea Boston-Fitchburg pasará por Concord, con los consiguientes efectos para el tráfico del canal, que disminuirá. En la década de 1840 verá la instalación del telégrafo, el tren que conecta Concord con Boston y también los primeros barcos de vapor. Todo se transforma con rapidez. ¿Dónde queda el tiempo para vivir? «[Antes que fabricar raíles], más valdría que forjáramos nuestras vidas» (*Walden*).

¿Cuáles deberían ser los límites de los avances científicos o técnicos?

«La inhumanidad de la ciencia me preocupa, como cuando siento la tentación de matar a una serpiente para poder determinar su especie. Tengo la impresión de que no es esta la manera de adquirir verdadero conocimiento.»

(*Diario*, 28 de mayo de 1845)

Una cierta angustia se apodera también de nuestro yogui del bosque en las grandes ciudades. Ya había encontrado Concord demasiado lejos de la naturaleza, pero fue mucho peor cuando, en 1843, tuvo que pasar unos meses en Nueva York como tutor del sobrino de Emerson. Se sentía incómodo en esta megalópolis, donde nunca estaba solo, y que consideraba artificial, esnob e individualista. Sentía la necesidad de permanecer «despierto», en el sentido espiritual, incluso lejos de la naturaleza:

«Permanecer despierto es siempre una virtud cardinal. Me resulta imposible escribir o leer salvo en raros intervalos.»

(*Walden*)

En Nueva York siente una intensa nostalgia por Concord y los bosques que lo rodean, que en gran parte suaviza su mirada crítica sobre su pueblo natal. Regresa en noviembre para Acción de Gracias, y luego en diciembre, y lo asombran las transformaciones sucedidas en su ausencia, especialmente la presencia del ferrocarril. Al final del verano de 1846 pasa dos semanas en los bosques de Maine con su primo George Thatcher y descubre la región devastada por la tala de árboles de los aserraderos. La desolación que encuentra lo sacude. ¿Acaso debemos ver en esta reacción una toma de conciencia ecológica? Hacen un alto en un campamento indio y los acoge un escocés instalado en el bosque que les hará de guía hacia el monte Ktaadn («tierra alta» en lengua indígena). Ahí Thoreau vuelve a sentir que la energía de la montaña entra en su interior, recupera el vínculo innato que lo une a la naturaleza, al universo, que las personas «civilizadas» han perdido en su gran mayoría. El vínculo inmemorial que los nativos estadounidenses, los aborígenes, los indígenas de horizonte a horizonte han sabido preservar. En la India, *adivasi* (primeros pueblos) que viven en los bosques son repositorios de prácticas y conocimientos ancestrales. Respetan el medio natural como un dominio sagrado que no puede convertirse en una mera mercancía. Protegen la diversidad, como lo hace hoy en día en la India Vandana Shiva, una activista ecofeminista que luchó encarnizadamente por la conservación de variedades antiguas de cereales. Su asociación Navdanya defiende la voluntad de resistencia iniciada por Thoreau.

El paso al costado que encarna Thoreau es extraordinario por su lucidez y su compromiso. Está totalmente desfasado respecto al pensamiento dominante de la época, que daba la bienvenida con los brazos abiertos a la domesticación de la naturaleza, al triunfo de la técnica, al pensamiento positivista de Auguste Comte y a la idea de una orientación de la historia hacia un progreso sin fin. Thoreau se inspira en los pensamientos antiguos, orientales, asiáticos, lee a los Románticos alemanes que se hacen eco de este credo: «En lo salvaje se encuentra la salvación del mundo» (*Caminar*). Esta frase de Thoreau ha sido utilizada posteriormente en la entrada de algunas reservas naturales en Estados Unidos, convirtiéndose en un símbolo de la conservación de la naturaleza. ¡Y también se aplica a nosotros!

> «No es en la sociedad donde encontramos la salud, sino en la naturaleza. Si no nos encontramos en plena naturaleza, nuestras caras se volverán pálidas y macilentas. [...] No hay aroma más sano que el del pino, ni perfume más penetrante y reparador que la vida eterna de los pastos altos.»
>
> (*Walden*)

Algunos exploradores anteriores a Thoreau, como el poeta y filósofo romano Lucrecio (98-55 a. C.), denunciaron la explotación de la naturaleza, que consideraban un inmenso ente dinámico dentro del cual la humanidad debía encontrar su sitio. Estos personajes extraordinarios nos salen al encuentro y depende de nosotros acoger lo que tienen para compartir. Entre ellos encontramos a un italiano, a un francés y a una polaca.

Varios siglos antes de Thoreau, un joven muy singular de Asís dejó a su acaudalada familia, dedicada al comercio de telas, para ir al encuentro de los más pobres y los leprosos. *Il Poverello*, conocido como san Francisco de Asís (1181-1226), está lleno de amor por todas las criaturas insignificantes, cuida de las lombrices que se encuentra por el camino y de las plantas, a quienes considera vivos. También dialoga con los elementos:

«Alabado seas, Señor, por el hermano viento, y por el aire y la nube y el cielo sereno y todos los tiempos a través de los cuales das sustento a tus criaturas. Alabado seas, Señor, por la hermana agua, tan útil y humilde [...]. Alabado seas, Señor, por la madre tierra, que nos da sustento y nos gobierna y da frutos diversos con flores de colores y hierba.»

En lo que respecta a Jean-Jacques Rousseau (1712-1778), juzga la voluntad abusiva de dominar de los hombres:

«Todo es bueno cuando sale de las manos del Autor de las cosas, todo degenera entre las manos del hombre. Obliga a una tierra a alimentar los productos de otra, a un árbol a dar los frutos de otro; mezcla y confunde los climas, los elementos, las estaciones; mutila a su perro, a su caballo, a su esclavo; lo pone todo patas arriba, todo lo desfigura, adora la deformidad, los monstruos; no quiere nada que esté tal y como lo haya hecho la natura, ni siquiera el hombre mismo; se debe amaestrar para él, como un caballo de doma; se le debe dar forma según los caprichos de su moda, como un árbol en su jardín.»

(*Emilio o De la educación*)

Rosa Luxemburgo (1871-1919), política, filósofa, autora de *La acumulación del capital* y amante de la naturaleza, escribió desde la cárcel a Sonia Liebknecht el 2 de mayo de 1917 estas palabras que resuenan con el compromiso que Thoreau sentía por los nativos estadounidenses y la naturaleza:

«¿Las cosas que leo? Sobre todo, tratados de ciencias naturales: botánica y zoología. Ayer, por ejemplo, aprendí por qué los pájaros cantores están desapareciendo de Alemania. Se debe a la extensión de la cultura racional [...] que poco a poco destruye los lugares en los que crecían y se alimentan: árboles huecos, campos en barbecho, matorrales [...] Leí todo esto con mucha tristeza. No es que pensara en el canto de las aves ni en lo que representa para los humanos, pero no pude contener las lágrimas ante la idea de una desaparición silenciosa e irremediable de estas criaturitas indefensas. Me acordé de un libro [...] sobre la desaparición de los Pieles Rojas en Norteamérica:

a ellos el hombre civilizado también los expulsó poco a poco de sus territorios y fueron condenados a una muerte silenciosa y cruel.»

Para Thoreau, igual que para estos otros personajes de fuertes convicciones, de entornos y épocas diversas, la protección de la naturaleza, la preocupación por la justicia y la movilización para ayudar a los oprimidos van de la mano. El yogui del bosque elige sumergirse en el bosque como camino hacia la lucidez. Parece aislarse, pero su toma de conciencia genera en nosotros una especie de catarsis. Casi dos siglos después, hoy en día nos interpela intensamente. El compromiso, a condición de cambiarse a uno mismo, pues hasta ese punto es altruista su yoga, es una práctica más necesaria que nunca. El mundo que nos rodea es un reflejo de nuestro mundo interior, ambos interactúan. ¿Permitiremos que el imperio del individualismo y su séquito de emociones arrasen el primer campo de la vida? ¿Vamos a tener que presenciar la extinción de muchas formas de vida más para acordarnos de la unidad que las sostiene a todas? Con una gran frescura, el yogui del bosque expresa en sus escritos el sentimiento de asombro ante la unidad de todas las cosas, que experimentó con todo su ser al dedicarse a sus judías, a los árboles, a los horizontes celestes. Como los filósofos de la Antigüedad, puso en práctica lo que creía justo y verdadero. Por eso, durante su experiencia pedagógica con su hermano John, sacaban a los niños de la escuela para que sintieran el aliento vital que impulsa todas las cosas.

«Hoy en día hay profesores de filosofía, pero no filósofos [...] Ser filósofo no consiste solamente en tener pensamientos sutiles, ni siquiera en fundar una escuela, sino en amar la sabiduría y vivir de acuerdo con sus dictados, una vida de sencillez, independencia, magnanimidad y confianza. Consiste en resolver algunos de los problemas de la vida, no solo en teoría, sino en la práctica.»

(*Walden*)

II

El yoga de la unidad

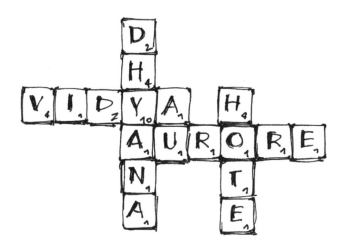

dhyana, vidya, hôte, aurore, au

dhyana, vidya, huésped, aurora, au
(*dhyāna*, en sánscrito: meditación, recogimiento)
(*vidyā*, en sánscrito: el conocimiento)

> «Cada hombre lleva dentro de sí la forma entera de la condición humana.»
>
> (Montaigne, *Ensayos*, II, 2.21)

Al seguir los pasos de Thoreau, descubrimos el sentimiento de unidad que resplandece en su forma de vivir, de alimentarse, de hablar a los árboles y a los pájaros. Una sensibilidad particular impregna su presencia en el mundo, integra la naturaleza y lo humano, la realidad social y las mutaciones de la modernidad. Es la simplicidad de su relación con el mundo que alimenta la intuición de la unidad. Para vibrar con el universo es preciso sentirse conectado, de forma inmediata y natural, a todo lo que existe. Es esto lo que experimenta nuestro yogui del bosque y lo que le convierte en un ser humano henchido de compasión y empatía, abierto al mundo, solidario y responsable.

Este sentimiento de unidad queda reflejado en sus impresiones y reflexiones, plasmadas a lo largo de su vida en sus distintos ensayos, en *Walden* o en su *Diario*. Algunas de sus ideas nos recuerdan a las que Montaigne expresó tres siglos antes acerca de la unidad del hombre y el universo. En nuestro mundo fragmentado, en medio de la confusión reinante por el exceso de información, hay dos temas en los textos de este pensador tan fecundo del Renacimiento que pueden despertar en nosotros una saludable toma de conciencia. Por un lado, la armonía cósmica, que se corresponde con la noción antigua del universo, concebido como una obra musical (*Ensayos*, III.13.393). Por otro lado, el respeto por todos los seres y la negación de la superioridad humana.

«Renuncio de buen grado a esta realeza imaginable que nos hemos dado por encima de las otras criaturas [...]. [Hay] un cierto respeto que nos vincula, y un deber general de humanidad, no solo hacia los animales, [sino también] para con las plantas.»

(*Ensayos*, II, 11.139)

Thoreau se hubiera adherido a este punto de vista: la conciencia de la unidad global implica el respeto por lo vivo y la realidad universal. Sin recurrir a ninguna demostración teórica, sus textos nos animan a reconocer esta evidencia como por osmosis: cautivado por su música interior, el lector sale de paseo por el espacio de sus pensamientos dispuesto a todo tipo de descubrimientos. Pero ¿de qué sirve hablar de unidad cuando la diversidad del mundo, que se manifiesta ante nuestros ojos, resuena en nuestros oídos y en nuestras palabras, parece a primera vista la única verdad? El lenguaje vinculado a nuestra cultura contrapone tú y yo, sujeto y objeto, naturaleza y civilización, individuo y universo. Es muy sencillo: para respirar mejor, amar mejor y vivir en plenitud, como sugiere Montaigne: «Y si has vivido un día, lo has visto todo» (*Ensayos*, I, 20.116).

Por lo tanto, no es difícil imaginarse una cabaña, perdida en mitad del bosque, que contiene voces diversas y consonantes a la vez, las de los *rishi* (sabios) de la antigua India, de Laozi, de Zoroastro, de los poetas de la Grecia y Roma antiguas. Anclado en la América del Norte del siglo XIX, que nada sabe todavía de las filosofías indias de la unidad, nuestro yogui del bosque genera afinidades electivas con estos autores, amigos atemporales. Crea, gracias a esta compañía insólita, las condiciones para una «poesía enigmática» del mundo, según la expresión de Montaigne. Es decir, de una aproximación creativa de la realidad percibida no como objeto, desde fuera, sino partícipe de la misma trama. En este dentro que todo lo unifica, el diálogo entre los cinco elementos y él mismo adquiere todo su significado.

1. Elementos

Dejemos atrás por unos instantes las grises calles de la ciudad. El tiempo se ralentiza, el cielo se abre, despliega su bóveda. La tierra es firme, el agua del río canta, el fuego del sol o de la luna refulge, el aire y el viento acarician la piel, aparece el espacio en la luz. Esos son los cinco elementos que celebra el pensamiento indio, empezando por el espacio o el éter (*ākāsha*), que es el primero en razón que contiene a todos los demás. Una energía pro-creadora (*para-kriti*) los engendra sucesivamente, de uno en uno. Antes de seguir profundizando en el imaginario indio que fecunda el pensamiento de Thoreau, hay que saber que existe una gran diversidad de puntos de vista en la larga historia de las ideas surgidas en la India. Ciertas escuelas, como la samkhya —la base filosófica del yoga sistematizada en los *Sāmkhyakārikā* por Īshvarakrishna (s. V-VI)— ven una dualidad original entre alma y materia. En el Tantra, en cambio, algunas corrientes, como el shivaísmo de Cachemira, son no dualistas, ya que la energía universal (*shakti*) no se distingue de la conciencia. La vibración cósmica (*spanda*) sostiene la inmensa variedad de la manifestación. Es en el seno de su trama vibratoria que nacen los elementos, cosa que explica por qué quien posea un corazón-conciencia «dotado de sensibilidad» (*sahridaya*) puede entrar en resonancia con los elementos para unirse a la vibración primordial. Esta práctica constituye una modalidad del yoga, en el sentido profundo de unión con uno mismo y, de ahí, con la realidad. Unirse con la esencia de un elemento es experimentar la unidad dentro de uno mismo, simplemente ser, y no hay nada más beneficioso que eso.

En el Vedanta (escuela filosófica mayor que sigue el Veda) encontramos una correspondencia de tres aspectos del Uno: el ser, la conciencia, la felicidad (*sat-cid-ānanda*). Esta tríada es la expresión de una intuición espiritual, fundada sobre la experiencia de los sabios y transmitida de maestro a discípulo a lo largo de los siglos. Para el Tantra, solo prevalecen la conciencia y la felicidad, el ser (*sat*, 'estando' en el sentido literal) no se toma en consideración porque forma parte de lo evidente, es una presencia universal, infinita. En cuanto a la felicidad (*ānanda*), se interpreta como la vibración de la conciencia que ha alcanzado la plenitud. ¿Con qué podemos quedarnos de esta visión del mundo? Básicamente, con la idea de una trama inquebrantable del espacio en el seno de la cual surgen los cinco elementos o, más bien, resplandecen de instante en instante dentro de la luminosidad de la Conciencia cósmica, el espacio primordial. Es preciso especificar que esta concepción está presente en la gran mayoría de las corrientes que componen las escuelas indias. Escuchemos con atención cómo los poetas indios, que Thoreau conocía bien, nos hablan de la tierra, el agua, el fuego, el aire y el espacio a cuatro mil años de distancia.

La Tierra

Empecemos por la Tierra, tan amenazada hoy en día. Lo que escribe Thoreau en 1851 está en perfecta consonancia con la percepción india:

> «La tierra que piso no es una masa muerta, inerte, es un cuerpo, tiene alma, es un ser organizado y permeable a la influencia de su alma, así como a la partícula de esa alma que está en mí.»

> (*Diario*, V)

Podemos llegar a imaginarnos con qué emoción entrevió un eco de sus propias intuiciones en los textos hindúes. Presentaremos algunos breves fragmentos evocativos. En la *Brihat Samhitā* (s. vi), la tierra, asociada a lo femenino, alberga en su interior la energía divina. Es para todos los seres la madre (*mātā*) primordial, universal, la Paciente. Encarna la energía, como toda mujer. Se le atribuyen distintos nombres a la altura de sus innumerables efectos positivos: *Acalā*, la Inmóvil; *Jagatī*, la Móvil, el planeta; *Prithivī*, la Espaciosa, la Tierra, el mundo terrestre; *Anantā*, el Infinito; *Aditi*, la Ilimitada, la «reserva inagotable de bienes»; *Ratnagarbhā*, «(la que lleva) la semilla (*garbha*) de los tesoros, las piedras preciosas»; *Vasundharā*, la que contiene tesoros. En el *Atharva-Veda* le rezamos a la tierra para que traiga bienestar y protección a todas las criaturas:

> «La Tierra, por sus cuatro puntos cardinales, ofrece alimento y permite que la siembren.

Sostiene todo lo que respira y se mueve de mil maneras.
Que nos dé bueyes y otros dones,
portadora de todas las cosas, vasija de tesoros,
mujer de seno de oro, pedestal de seres animados.
¡Que la Tierra que nos trae Agni, el fuego universal, nos conceda
        riqueza!

«Madre de las plantas, creadora universal,
vasta, sólida, que se alza encima del Dharma,
tierna, benevolente, ¡que podamos siempre caminar por ella!

«Tumbado sobre el lado derecho, o el izquierdo, o bocabajo,
        sobre ti,
tus costillas no nos hacen daño, oh, Tierra [...]
Apacible, perfumada, suave a las caricias, llena de leche,
¡que vele siempre por mí!»

(*Atharva-Veda*, V)

Como todos los pueblos primitivos, los nativos estadounidenses que Thoreau valora profundamente, también consideran la Tierra como la madre universal. Uno de sus mitos fundacionales cuenta que fueron creados en una crisálida en la que pasaron mucho tiempo antes de vivir en su superficie. Algunos ya tenían forma humana, mientras que otros tenían por aquel entonces formas de animales terrestres (marmota, conejo, tortuga...).

El Agua

Sin duda el estanque, o lago, desempeña un papel decisivo en la ecología de Walden, en el sentido de la relación entre los seres vivos y el medio en el que viven. Para nuestro pensador místico, sin embargo, igual que para los filósofos hindúes, es también un espejo del alma:

«Un lago es el rasgo más bello y expresivo del paisaje. Es el ojo de la tierra; al contemplarlo, el que mira mide la profundidad de su propia naturaleza.»

(*Walden*)

Están también los ríos por los que se aventura con su hermano, así como el océano: fue farero en Cape Cod durante dos semanas en 1847. ¡El agua hizo soñar en sánscrito a Thoreau! Soñó con mitos e himnos hindúes, y sin duda también con la *Bhagavad Gītā*. Su primer libro, *Una semana en los ríos Concord y Merrimack*, narra la expedición que emprendió con su hermano John por los ríos que el título menciona, una aventura inolvidable para él. Ya impregnado de literatura india, cita varias anécdotas relacionadas con el agua. Pone en escena a Varuna, el dios oceánico que desde lo alto de los cielos se zambulle entre las olas para contemplar a los humanos. Conocía también el mito de Shiva, que permitió que el Ganges celeste circulara en su cabellera durante mil años para que no destruyera la Tierra al descender sobre ella. El agua, en la India, está asociada con la transparencia luminosa, purificadora, que mana eternamente y está dotada de mucho poder, y con el elixir de la inmortalidad (*soma*). En lo que respecta al océano, simboliza la unidad absoluta, la fusión definitiva, puesto que todos los ríos acaban uniéndose a él y desapareciendo como entidades individuales. «La vida que tenemos dentro es como el agua del río» (*Walden*).

Encontramos esta metáfora en varios *Upanishad* y, a menudo, reaparece en este ejemplo:

«Igual que un hombre en brazos de una mujer ya no entiende de fuera y dentro, aquel que se deja abrazar por el Ser conoce la unidad perfecta.»

Al bañarse cada mañana desnudo en el estanque, el yogui del bosque bien podría murmurar este himno:

«Ah, aguas, contenéis el bálsamo sanador,
gracias a él mi cuerpo rebosa salud [...].
Cualquier mancha sobre mí, cualquier fechoría cometida,
cualquier mentira, cualquier imperfección,
aguas, llevadla lejos de mí.»

(*Rig Veda*, X.9.7-8)

No hay nada más apacible y unificador:

«Oigo el rumor del arroyo de Heywood que cae en el estanque de Fair Haven y refresca mis sentidos de una forma inexpresable, como si fluyera por mis huesos. Lo escucho con una sed insaciable. Despierta un calor arenoso en mi interior. Me afecta la circulación; siento que mis arterias le tienen simpatía. ¿Qué es lo que oigo sino las cascadas puras en mi interior, en la circulación de mi sangre, en los arroyos que llevan a mi corazón?»

(Diario, II)

Para el poeta sumergido en los textos hindúes, el agua purísima de Walden es en esencia una con la del Ganges, a menudo invocada con los nombres de *mātā Gaṅgā*, o *Ambhā*, que también significa 'madre'. Si bien aparece como un río terrestre, el Ganges es cósmico en su origen y su fuente se encuentra en los cielos. El siguiente pasaje sugiere la convergencia de las aguas puras de Walden y el Ganges en la experiencia de Thoreau:

«Parece, pues, que los habitantes de Charleston y de Nueva Orleans, de Madrás, de Bombay y Calcuta beben de mi pozo. Por la mañana baño el intelecto en la filosofía maravillosa y cósmica de la *Bhagavad Gītā*, desde cuya formación han pasado muchos años divinos, y comparada con la cual nuestro mundo moderno y su literatura parecen mediocres y triviales, y me pregunto si no deberíamos referir esa filosofía a un estado anterior de la existencia; así de lejana es su grandeza a nuestras concepciones. Dejo el libro y voy al pozo a buscar agua y, ¡oh!, allí encuentro al sirviente del Brahmán, el sacerdote de Brahma, Vishnu e Indra, que sigue sentado en su templo en el Ganges leyendo los Vedas o vive entre las raíces de un árbol con su mendrugo y su jarra de agua. Me encuentro con el sirviente que ha venido a buscar agua para su amo, y nuestros cubos, por así decirlo, se chocan en el mismo pozo. Las aguas puras de Walden se mezclan con las aguas sagradas del Ganges.»

(Walden)

El fuego, que nace de las aguas fecundas que poseen el poder de la vida y de la metamorfosis, también recibe el nombre de *āpām napāt*: el hijo de las aguas.

El fuego

La experiencia del sol naciente, asociado con el fuego celeste, es una alegría que se renueva incesantemente para Thoreau. Tanto el amanecer como el atardecer son momentos sagrados para los hindúes, puesto que no pertenecen al tiempo que pasa, sino que se consideran la unión entre el día y la noche (*sandhyā*). Este punto intermedio (*antara*) permite adentrarse en la atemporalidad. El homenaje cotidiano que se le hace al sol naciente se expresa a través del famoso himno titulado *Gayatri* (*Rig Veda*, III.62.10), donde se ruega porque los pensamientos sean vivificados y armonizados por la luz solar. El fuego es el principio transformador en el ser humano que produce la digestión en el cuerpo y el conocimiento en la mente.

> «Ahí es el Fuego quien ostenta el conocimiento, que está oculto entre dos pedernales [...]. Es de ahí que el sol se alza y se acuesta, en él moran todos los dioses y nadie puede ir más allá.»

> (*Kathā Upanishad*, II.1)

Encuentra otro júbilo, durante la estación fría, en la presencia del fuego que crepita en su chimenea; luz y energía:

> «Se me ocurren muchos pensamientos agradables sentado junto a la chimenea de mi cabaña.»
> (*Walden*)

Gracias al fuego, «mi casa no estaba vacía incluso en mi ausencia. Como si hubiera dejado ahí a un alegre amo de llaves. En mi cabaña vivimos el Fuego y yo» (*Walden*).

El mismo elemento vela de forma invisible, igual que las brasas bajo las cenizas, entre la vegetación, pues es el amo de la energía y el signo del Uno:

> «Es el hijo de las aguas, el hijo de los bosques, el hijo de las cosas móviles e inmóviles; incluso entre las piedras existe para el hombre, en el corazón de su casa. Es el Uno universal entre las criaturas.»

> (*Rig Veda*, I.70.2)

Las luces celestes —luna, sol, estrellas— son de naturaleza ígnea. El yogui del bosque aspira a «contemplar el sol nacer o ponerse todos los días para conectar[se] a un fenómeno universal [que le] conservará la salud para siempre» (*Walden*). Sin duda, se reconoce en esta idea un homenaje a Agni sacado del *Rig Veda*:

> «El esplendor que tienes, oh, Fuego, que estás en los cielos, en la tierra, en las plantas y en las aguas [...] es un océano vivo de luz que contempla con una visión divina.»
>
> (*Rig Veda*, III.22.2)

El sol también es considerado «la puerta del cielo», más allá de la cual se puede acceder a otros planos de la realidad. ¡Da igual que Thoreau no conociera este matiz del sol! De todas formas, es un experto en el arte de ir más allá de las apariencias y sabe que hay luces que no son visibles a simple vista. Sus últimos preceptos, en las conclusiones de *Walden*, obedecen a una necesidad interior: «Será solo el día que despertemos que traerá la luz del alba. Vendrá un alba aún más luminosa» (*Walden*).

El Aire, el Viento

El sentido asociado con el aire, en la teoría india de los elementos, es el tacto. A lo largo de sus paseos, Thoreau nota la caricia del viento (*vāyu*). Se deja embriagar por su música, «su melodía tenue y dulce» que transporta y transfigura el sonido lejano de campanas:

> «A una distancia suficiente a través de los bosques, este sonido adopta un cierto murmullo vibrante, como si las agujas de los pinos del horizonte fueran las cuerdas de un arpa que tocaba.»
>
> (*Walden*)

El aire asociado a la luz matutina lo exalta:

> «¡Dadme una bocanada del aire puro de la mañana!»
>
> (*Walden*)

La función de la respiración individual cósmica consiste en conectar, según los textos médicos del ayurveda, todos los elementos que componen la vida dentro del cuerpo y dentro del universo. La respiración (*prāna*) los vivifica y armoniza. Es el principio universal de unidad, y eso permite regir sobre las interacciones micro y macrocósmicas. Al mismo tiempo, se encarga de estas funciones fundamentales en el mundo:

- El sustento de la tierra
- El resplandor del fuego
- El recorrido de estrellas y planetas
- La formación de las nubes y de la lluvia
- El surgimiento y curso del agua
- La producción de flores y frutos
- El reparto de las estaciones

Dentro del cuerpo, se ocupa de varios roles que confluyen en la unidad vital:

- El habla
- El oído y el tacto
- La alegría y el entusiasmo
- El fuego de la digestión
- El secado de la humedad
- La expulsión de impurezas
- La apertura de canales, tanto delicados como gruesos, los *nādi*
- La alimentación del embrión
- La prolongación del aliento
- La suspensión o retención del aliento (*kumbhaka*)
- La disolución de la somnolencia y la dispersión
- La activación de la energía que impulsa el cuerpo

A esta lista poco exhaustiva hay que añadir el acompasamiento de la vibración interna nacida del «corazón» con la Vibración cósmica. El corazón se considera, en efecto, el salón central, el espacio íntimo que contiene el infinito, de donde nace todo aliento.

El Espacio

La felicidad absoluta, que experimenta gracias a la sensación de un espacio abierto, es un *leitmotiv* en los textos de Thoreau: desde su ventana contempla los bosques y la diferencia entre dentro y fuera se disipa. A la orilla del estanque de Walden, dejando que la corriente impulse su bote, se abandona al espacio y se hace uno con él. En la cima de sus ascensos a las montañas, donde a veces pasa noches enteras, se zambulle en el cielo estrellado. Esos espacios no son exteriores para él; el ser humano pertenece a ellos, es un hilo tejido en la trama infinita. La unidad es rica en todos los aspectos de la vida, no es homogénea ni inerte. Thoreau se hace preguntas filosóficas acerca de la verdadera naturaleza de este elemento intangible:

«¿De qué tipo es el espacio que separa a un hombre de sus semejantes y le hace sentirse solo?»

(*Walden*)

Encontramos en la antigua India una intuición del espacio como urdimbre dinámica en la que se originan todos los fenómenos de la realidad. Sea en el plano macrocósmico o microcósmico, físico o psíquico, todo emerge, evoluciona y se reabsorbe en esta dimensión, desde luego imperceptible pero fundamental. El indianista Paul Masson-Oursel expresa el concepto de *ākāsha* en los siguientes términos:

«La India posee una física vibratoria de baile y de juego. No es una física de la geometría como la de Platón y Descartes [...]. [Para la India], el ritmo es la única realidad [...]. La *ākāsha*, que nosotros imprudentemente traducimos como espacio, es la vibración universal en la que se integra la de cada realidad particular, la de las cosas, la de los procesos vitales, también psíquicos, llamadas *vritti*, torbellino.»

(«L'espace et le temps dans l'Inde»
[«El espacio y el tiempo en la India»], *Cahiers du Sud*, 1949)

La India desarrolló un imaginario muy rico de los elementos. Esta evocación no estaría completa sin mencionar la siguiente expresión sánscrita: *pañca-gam*, «volver a los cinco (elementos: tierra-agua-fuego-aire-espacio)», es decir, morir. Lo que es sólido en nosotros regresa a la tierra, lo líquido, al agua, el aliento, al aire, lo encendido, al fuego, el espacio interno, al espacio universal. Igual que cuando un ánfora se rompe o se deshace en el océano, su espacio se fusiona con la inmensidad. Para los hindúes, este no es el final. La rueda de la existencia (*samsāra*) continua. Aunque el cuerpo físico se disuelve, el cuerpo sutil perdura y prosigue su transmigración de vida en vida (vegetal, animal, humana) impulsado por los complejos inconscientes (*samskāra*). Las capas sucesivas de recuerdos olvidados inconscientes son las que «perfuman» el cuerpo sutil. El *samsāra* se persigue hasta que la liberación (*moksha*) se consigue por completo.

> «El ser individual, *jīva*, abandona la vida provisto de la experiencia adquirida a lo largo de su vida, cargando con los restos residuales, *vāsāna*, de sus actos pasados. Sin esos restos residuales, no habría acto posible en una nueva vida [...]. Gracias a ellos, los *jīva* heredan el conocimiento sin haberlo adquirido personalmente.»

> (*Chandongya Upanishad*, V.10.5)

El objetivo del yoga consiste, precisamente, en lograr las condiciones de esta liberación: arrancar de raíz el sentido del yo, el apego, los prejuicios, los condicionamientos inconscientes que atan al individuo y lo convierten en *pashu* (¡ganado!). Para convertirse en *pati* (pastor, dueño de sí mismo), el ser humano deberá transcender en su interior las limitaciones de todo tipo, esencialmente mentales, pues son las más difíciles de discernir. Sirve para deconstruir las estructuras artificiales heredadas de vidas anteriores o de la existencia presente. Todo lo que obstaculiza el proceso de despojamiento, lo que limita la expansión del alma, la conexión del aliento individual con el aliento universal, constituye el campo de acción del verdadero yoga. Es entonces cuando se revela gradualmente la intuición de la unidad.

Cada yoguini, cada yogui, si es honesto consigo mismo, inicia este proceso hacia la transparencia a su manera única. Si Henry David Thoreau puede considerarse un auténtico yogui del bosque es porque aspiraba intensamente a una catarsis así.

2. Yoga, arte de la unidad

¿Por qué interesarse por el yoga? Para no «darse la espalda a uno mismo», según Emerson, que cita estas palabras del califa Alí: «Tu parte de la vida está buscándote, ahórrate el esfuerzo salir a buscarla» (¡allí donde no está!). Para esta aventura, hay un único escenario: el espacio de nuestra vida. El yoga, nacido en la India, es una de las prácticas más antiguas que nos permite adentrarnos en cuerpo y alma en el misterio de la vida. Si se puede describir a Thoreau como un verdadero yogui, es precisamente porque se dedicó a este ideal, siguiendo los caminos de la experiencia y el conocimiento.

> «En cierto modo, en momentos muy concretos, yo también soy un yogui.»
>
> (*Carta a Harrison Blake*, 1849)

Se dedica a cultivar, en medida de sus capacidades, la atención plena, la moderación, el buen juicio, la serenidad, la apertura al infinito, la compasión y los actos desinteresados. Se basa en cimientos auténticos: los textos-fuente que acababan de llegar a Occidente, traducidos por los primeros especialistas en sánscrito.

Su temperamento de filósofo-poeta le permite comprender que la forma no es el fondo, que la tradición hindú por la que se interesa no se reduce a los ritos visibles, ni el yoga a su forma exterior. El hatha-yoga, por otro lado, no era por aquel entonces muy conocido en Occidente. Sin embargo, no cuesta imaginarse al yogui de Walden con una actitud así de natural, pegado a un árbol, con los brazos abiertos para embeberse mejor de los aromas del alba o sentado en posición de loto... o incluso en la contemplación de una hoja que cae. La postura (*āsana*) es más que un movimiento o una actitud física. Tiene la vocación de proponer al cuerpo-aliento-conciencia una forma «estable y jubilosa» (*sthira-sukha*) que permita una circulación diferente de la energía universal. El aliento de vida fluye en esta forma como el soplido en un instrumento de viento: según su forma, la sonoridad cambia. De la misma manera, el cuerpo-instrumento permite que emanen sensaciones nuevas, señal del despertar de energías adormecidas. Según esta misma lógica, una frase no se reduce únicamente a su forma escrita, sino que transporta sonidos y sentidos que

nos conectan con el mundo. Los vínculos tejidos por la postura con el universo son invisibles y, sin embargo, rebosan de sentido. El yoga transforma la vulgaridad y la falta de atención, tanto para un matemático, un cocinero o un músico, y de eso Thoreau se dio perfecta cuenta. Para este compañero lejano y a la vez cercano de los *rishi* védicos, el yoga es una unión con la vida, con la naturaleza, con el cosmos. Capta las energías puras del viento, del alba, del río, le abren el corazón y, con el mismo aliento, expanden todo su ser.

El yogui del bosque alimenta un interés apasionado por la espiritualidad india desde sus años de estudiante en Harvard. Fue desde luego uno de los primeros estadounidenses, junto con sus amigos transcendentalistas —Emerson, Margaret Fuller, Amos Bronson Alcott (véase Arthur Christy, *The Orient in American Transcendentalism* [«Oriente en el transcendentalismo estadounidense»]—, en leer obras traducidas del sánscrito de las que copió numerosos fragmentos, entre las cuales encontramos *Bhagavad Gītā*, *Manusmriti*, *Upadesha*, *Shakuntala*, *Sāmkhya-kārikā*, *Vishnu-Purāna* y *Harivamsha*. Estas palabras suponen una luz antigua que «apela al intelecto y a la salud de la humanidad, a todos los que, a cualquier edad, la puedan entender» (*Walden*). A pesar de su aprecio por los textos sánscritos, Thoreau nunca aprendió esta lengua, la más antigua de las lenguas indoeuropeas conocidas hoy en día. Sin duda, hubiera emprendido su estudio con alegría y rigor. En 1874, algunos años después de la muerte de Thoreau, el orientalista Friedrich Max Müller evoca los motivos del entusiasmo que se ganó a finales del siglo XIX:

«Ante todo, el estudio de Oriente nos ha enseñado [...] que existen otros mundos aparte del nuestro, que existen otras religiones, otras mitologías, otras leyes y que la historia de la filosofía, de Tales a Hegel, no representa toda la historia del pensamiento humano. Sobre todos estos temas, Oriente nos ofrece paralelismos y todo lo que ellos conllevan, es decir, la posibilidad de comparar, de medir y de comprender.»

(*Presidential Address to the 9th International Congress of Orientalists* [«Discurso presidencial en el 9.º Congreso Internacional de Orientalistas»])

Una intuición común mueve a los investigadores que se dedican a escuchar a los sabios de la Antigüedad, de Oriente a Occidente: la existencia de una realidad universal, ya se la llame Conciencia, aliento o flujo: «Hay un flujo común, un aliento común, todas las cosas están en consonancia» (Hipócrates). Como ya hemos visto, para el Vedanta la unidad universal se expresa en términos de ser-conciencia-felicidad (*sat-cid-ānanda*).

Aunque él no las llame así, las formas de yoga que Thoreau practica son, en términos esenciales, el yoga del conocimiento y el yoga de la acción. No se siente especialmente interpelado por el bhakti-yoga, la devoción por lo divino. Sí experimenta, sin embargo, un inmenso respeto y aliento amoroso espontáneo por la naturaleza y por todos los seres.

El yoga del conocimiento: ser auténtico

En el origen de todo pensamiento y de todo acto se encuentra una dimensión oculta y fundamental: la toma de conciencia. En la espiritualidad india, este contacto inmediato con la realidad, y sobre todo con el Ser (*ātman*), este núcleo del ser que está al margen del tiempo, es esencial. Para alcanzarlo, yoguis y yoguinis disponen de una serie de prácticas agrupadas bajo el término de *sādhanā* (medios de realización), o de *tapas* (ascetismo apasionado), mediante las cuales aquello que estaba «crudo» (¡la tosquedad!) se «cocina», «madura». Igual que para los antiguos yoguis, el bosque es un espacio de maduración en el que se produce la catarsis. Para Thoreau, es Walden quien desempeña ese papel.

La pasión del *tapas* lleva a la incandescencia a la experiencia y la reflexión. Thoreau evoca un suceso aparentemente banal pero que pone de manifiesto la capacidad transformadora de la atención. Una tarde de septiembre, tras un largo día de duro trabajo, un hombre desea reposar, pero sus pensamientos no lo dejan tranquilo. De repente surge la melodía de una flauta, se apodera de él y unifica, serena y aclara su estado de conciencia. Thoreau concluye que se ha puesto a «practicar una nueva austeridad, a permitir que su mente regrese a su cuerpo y se redima, y a tratarse con un respeto cada vez mayor» (*Walden*). La atención respetuosa es esencial en el yoga del conocimiento. Se basa en la percepción intuitiva de la unidad de la vida y permite conectarse a la vida profunda. ¡Qué fácil parece discernir esta realidad invisible e inmanente!

Si todo está ya presente, si basta con ver lo que tenemos delante o a través de la mirada interior, ¿para qué necesitamos un despertar o vías de realización? El poder de la ilusión (*māyā*) pone obstáculos sutiles que son formidables porque pasan inadvertidos: considerarse a uno mismo un yo, albergar la pretensión de «saber» —forma perniciosa de la ignorancia (*avidyā*)—, proyectar de forma inconsciente la película que creamos en nuestra cabeza sobre el mundo —y, por lo tanto, no ver la realidad—, ser un juguete de vestigios inconscientes (*vāsanā*)…, todo esto constituye una semilla para actos futuros que giran de forma inexorable dentro de la corriente infinita de la transmigración (*samsāra*). ¿Es este devenir, entonces, la proyección mental de nuestras ficciones individuales? En la Cachemira del siglo IX, los *Shivasūtra* transmitidos por Vasugupta escenifican el drama humano, por general e inadvertido que sea. La traba más perniciosa de todas es la que viene de nuestro pensamiento. ¡No vemos con claridad! Creemos saber y, como dice Vasugupta:

«El conocimiento [limitado] es una atadura.»

(III.2)

Somos espectadores de la película proyectada por nuestra mente, que vemos pasar con pasividad:

«El ser interior es el escenario, los sentidos son los espectadores.»

(III.10-11)

En lo que respecta al tema de la ilusión cósmica, hay muchos matices que añadir, pues en la larga historia de las ideas indias coexisten varias corrientes. Algunas como el Vedanta, conocido por los transcendentalistas, sostienen que todo es apariencia, carente de realidad. Para otros, como los shivaístas no dualistas de Cachemira, el mundo fenomenológico participa de la Realidad pues es una emanación de ella en el seno

de la Conciencia-energía universal. Parece que Thoreau se muestra de acuerdo con los shivaístas cachemiros para quienes no es la realidad la que se pone en tela de juicio, sino la mirada superficial, sin atención, de los seres humanos. Las palabras que siguen lo demuestran, en la medida en que están inspiradas por esa mirada profunda que brota del fuero interno. La realidad, una, está infinitamente cerca para la mirada que se centra en el aquí y el ahora:

«Los hombres creen que la realidad es algo lejano, en los márgenes del sistema solar, más allá de la estrella más lejana [...]. Es cierto que en la eternidad hay algo auténtico y sublime. Sin embargo, todos estos momentos y lugares y ocasiones se encuentran aquí y ahora. Somos capaces de aprehender hasta un cierto punto lo que es sublime y noble solo si nos dejamos inculcar y embeber constantemente de la realidad que nos rodea.»

(*Walden*)

Vivir esta «presencia de espíritu», alejada de la carga del yo, aquí y ahora: he aquí el yoga de la conciencia que contiene la semilla del arte de la acción, hecho de libertad y de valentía.

El yoga de la acción

Lo que nos deja sin aliento al leer *Walden* y otros textos de Thoreau es la intensidad de las experiencias que describe. Su escritura rebosa de sensaciones y pensamientos cazados al vuelo. Lo vemos vivir, actuar, caminar, abrir las ventanas, recolectar el maíz, tumbarse en su bote. Ahí tenemos el yoga de la acción en la vida cotidiana. «Si estamos vivos, ocupémonos de nuestros asuntos» (*Walden*). En la India se dice que cada uno se convierte en lo que piensa, en lo que dice, en lo que hace. Cada pensamiento, gesto o palabra posee una energía transformadora.

El yogui del bosque se pone en acción, es productivo en muchos aspectos: judías, maíz, patatas, guisantes y espelta verde, textos, conferencias, poesía, música, paseos por la naturaleza silvestre. Adapta su conducta a las circunstancias. Respira, camina, nada; cuida de su cuerpo. Para el yogui, es en el espacio del propio cuerpo donde se revela la vibración del aliento cósmico, donde puede hacer realidad su aspiración principal: no llegar al final de la vida sin maravillarse por sus misterios.

El yoga de la acción consiste, pues, en actuar, pero sin ninguna intención egocéntrica, sin avaricia. Eso también sirve para la alimentación: a veces Thoreau no almuerza con el único objetivo de experimentar nuevas sensaciones en su cuerpo, que siente más ligero. Goza también de «una comida frugal de arándanos de un sabor incomparable recogidos por los senderos del bosque» (*Walden*), de bayas o de setas. Vegetariano convencido, se burla de nuevo de la sabiduría convencional. Es mejor la complicidad gracias a la cual el cuerpo conserva su unidad con salud (*a-roga*). Este término contiene etimológicamente el sentido de no ruptura, deriva de la raíz *RUJ*, 'romper, partir', que se opone a la de *YUJ*, 'unir, conectar'. El *yoga* es, pues, *a-roga*.

Para conservar la salud en todos los planos, del físico al espiritual, es preciso habitar la unidad. Y lo mismo para la salud en el sentido social: es malsano establecer separaciones o segregaciones. Gran defensor de la justicia, Thoreau no dudará a la hora de practicar un yoga de la acción para hacer posible lo que parecía imposible: la abolición de la esclavitud en 1865 bajo la presidencia de Ulysses S. Grant, la independencia de la India en 1947 promovida por Gandhi, la eliminación del apartheid gracias a Nelson Mandela en 1991. Y muchos otros acontecimientos que están por venir, esperemos, si obedecemos a esta máxima yóguica de Gandhi: «Sé el cambio que quieras ver en el mundo». Este impulso altruista hacia las causas justas reposa por completo sobre la unidad y la empatía que pasa por ponerse en el lugar de los demás. El yoga de la acción es un arte de la unidad que solo se realiza cuando el acto es desinteresado. Hace un bien activo a los demás y a uno mismo, y es indisociable de la comprensión del inter-ser universal. ¿Qué queremos decir exactamente con «en nuestra casa»? ¿Acaso somos algo más que huéspedes de paso en la Tierra? Podríamos haber nacido en cualquier otro lugar, con otros rasgos físicos, con una lengua diferente y unas costumbres que ahora nos parecen extrañas. Vivamos plenamente y nuestro corazón se abrirá al Uno. Thoreau y Abhinavagupta están de acuerdo en esto:

«Hacer realidad el estado de plenitud inspira en el ser humano un estado de bondad [natural]; sin embargo, quien no ha conocido la plenitud no acudirá al socorro de los demás con la misma espontaneidad.»

(*Comentario de Abhinavagupta sobre su glosa de*
«El reconocimiento del Señor», I)

De todas formas, no hay que convertir este pensamiento en una regla. El sufrimiento provoca a menudo un cambio radical, que humaniza y mueve a la acción para acudir en ayuda de quienes están sumidos en la desesperación. La libertad de elección personal, la de tomar decisiones, nos convierte a todos y cada uno de nosotros en actores cargados de responsabilidad en nuestros actos. El libre albedrío es consustancial al ser humano. En ese sentido, la perspectiva de Carl Lévi-Strauss hubiera sido del gusto de Thoreau. Filósofo de formación, como etnólogo consagró su vida a estudiar a tribus aisladas de Suramérica y a compartir largos períodos de su vida con esas gentes que, a pesar de ser tan distintas a él, sentía extraordinariamente próximas. Con un respeto inmenso, da cuenta de otras concepciones del mundo, maneras de obrar, universos mitológicos, ritos y tradiciones. Homenajea su forma de ser y de vivir en armonía con la Naturaleza. Y aprende una lección que hoy en día nos interpela: ¿y si se dedicara todo el esfuerzo humano no a domesticar la Naturaleza, sino a entrar en armonía con ella? Subraya la unidad fundamental que sostiene la vida universal y denuncia los abusos del mundo occidental. Evoca las virtudes de la contemplación como una apertura a lo esencial y la interrupción de la agitación como oportunidad de unirse a la verdadera Vida. Nos emplaza a «interrumpir el trabajo de la colmena y aprehender la esencia de lo que nunca ha dejado de ser» (Claude Lévi-Strauss, *Tristes Trópicos*). Y añade que lo que perdura por debajo del pensamiento es del orden de un saber fundamental. Esta observación se corresponde a la perfección con el yoga del conocimiento y el de la acción, puesto que su objetivo es encaminar a quien las practique hacia las vías de la unidad: volverse uno con el mundo, con uno mismo, despertar al sabor del «soy».

El sabor del «soy»

Antes de escribir *Walden*, Thoreau pronunció una conferencia titulada *A history of myself* [«Historia de mí mismo»]. Sería un contrasentido ver indicios de narcisismo en este título, que no muestra sino el ejercicio de lucidez que supone desgranar la naturaleza profunda del ser. La intuición del «soy» no debe confundirse con el sentido del «yo». Para vivir la vida como una meditación en acción, la intuición del «soy» debe transformarse en un aliento dinámico, en un acto de pensamiento, de palabra o de obra. El yoga de la actividad cotidiana es una práctica ardua de aplicar, igual que «la soledad entre la multitud». Es preciso un entrenamiento incesante, como un artesano minucioso y exigente que nunca se da por vencido. Para ello bien podría usarse el mantra «me convierto en aquello que soy», pues ser un yogui significa aspirar a ser auténtico, a dejar que el «soy» sea visible tras nuestros actos, nuestras palabras, nuestros pensamientos.

Con su agudez habitual, Abhinavagupta llama la atención sobre la existencia de distintos estratos interiores que resulta esencial discernir para saber desde dónde se actúa. ¿Desde el yo o desde el soy? El estrato más profundo, explica, «viene de una intuición espontánea, de un asombro. Así se manifiesta esta conciencia del "soy". Se muestra bajo la forma de una superabundancia de conciencia-energía que se despliega de repente bajo los efectos de una emoción, de un esfuerzo extremo o de una alegría muy intensa [...]. Esta conciencia de uno mismo se puede comparar con una palabra interior [de una sutileza infinita], el sustrato de toda palabra» (*Glosa sobre «El reconocimiento del Señor»*, II.5.13).

Los distintos «soy» se presentan como tomas de conciencia de lo que uno es en realidad, de la verdad de nuestro ser, sin pretensión ni voluntad. Ahí trasluce el *svadharma*, ¡un término intraducible! Pero nos arriesgaremos diciendo que es la 'conducta propia de cada uno', un deber personal, la misión que debemos cumplir en esta existencia. Para Thoreau, su *svadharma* se manifiesta en Walden y suena, en sus palabras, como «un redoble de tambor interior, [el del] *dharma*». En su caso, la toma de conciencia del «soy» se expresa en estos términos: «soy escritor, un hombre de letras», y determina su logro en la vida. Esta vía, camino de conocimiento y de acción, combina dos aspectos: la alegría más pura y la pasión en el esfuerzo. Muchos son los artistas y escritores que han hecho referencia a esta alquimia. El *svadharma* pide no ahogar la voz que pretende captar la realidad. Para nuestro yogui del bosque, la intuición acerca de la unidad del mundo, el bosque como totalidad-unidad viva, sin duda debía de estar latente antes de su llegada a Walden. Sin embargo, es al dar su paso al costado que se desarrollará el sentimiento de unidad primordial, inclusiva, que se celebra en los textos sagrados y filosóficos de la antigua India.

Unirse a esta fuente inmanente es el objetivo del yoga. El respeto por los elementos, la flora y la fauna así lo demuestra. La existencia se convierte en un campo vital que se comparte con el río, las plantas, la montaña, y en el que los humanos se consideran huéspedes de paso en el espacio del mundo que los acoge. Con una condición: «proteger el *dharma* protege; destruirlo, destruye», reza un célebre refrán en la India. Alentado por esta conciencia de unidad, Thoreau no puede sino solidarizarse con los elementos de lo vivo, pues es consciente de que todos participan de un «inter-ser». Como los poetas visionarios del Veda, considera la realidad universal como una arborescencia infinita. Sabe que el hecho de conservar en el fondo de nuestro ser un contacto permanente con el «soy», de no perder la reminiscencia de la unidad, tiene un poder redentor. Y es que, como el término sánscrito *shakti* da a entender con su doble sentido, lo que tiene sentido tiene poder.

3. El árbol, símbolo de la unidad cósmica

Humus, *humano*, *humanidad*: tres palabras con la misma raíz. El humus, 'tierra' en latín, es el resultado de la descomposición de la materia orgánica en el suelo, que contribuye a su fertilidad. Del humus nacen los árboles y de los árboles nace el humus. Thoreau honra a estos seres majestuosos, emblemáticos de la biosfera, igual que los yoguis de la India veneran a la diosa Bhūdevī, divinidad de la Tierra y de la vida. El árbol no solo es una planta a sus ojos, no es un elemento anónimo del paisaje. Todos y cada uno están dotados de una personalidad única con la que él teje una relación original. Como los yoguis, alberga un sentimiento de interconexión y unidad con ellos que hunde sus raíces en los orígenes de la cultura india. Precursor de la conciencia ecologista, gracias a su sensibilidad intuitiva percibe el rol fundamental que los árboles desempeñan en el equilibrio natural, tan vulnerable, amenazado con una crisis aguda en la era actual de Kaliyuga.

Conversar con un árbol

Amante del silencio, Thoreau nunca deja de entablar conversación con los árboles. Un diálogo sin ego, en el que la palabra y la respiración son sagradas:

> «En lugar de visitar a algún erudito, visitaba a menudo a árboles concretos de especies raras en el vecindario, alejados en mitad de alguna pradera o en las profundidades de un bosque o pantano, o en lo alto de una colina, como el abedul de hojas de carpe [...]; su primo, el abedul amarillo, con su abrigo suelto y dorado, perfumado como el primero; el haya, con su tronco elegante cubierto de bellas pinturas de liquen [...]; el tilo, el carpe, el *Celtis occidentalis*, o almez, del que tenemos solo un ejemplar muy crecido; un pino alto como un mástil, el *Quercus imbricaria*, o una tsuga del Canadá más perfecta de lo normal, plantada como una pagoda en mitad del bosque [...]. Estos eran los santuarios que visitaba tanto en verano como en invierno.»
>
> (*Walden*)

Entre los árboles y el yogui del bosque vibra un entendimiento tácito. Siguiendo el curso de los senderos, los rumores, los resplandores, descifra la realidad. Encuentra señales en todas partes. En *Una semana en los ríos Concord y Merrimack*, el árbol permite, con su transparencia, entrever una imagen de la armonía hombre-árbol-universo:

> «La visión de este árbol nos recordó que habíamos llegado a un país que nos era extraño. Mientras navegábamos bajo el dosel de hojas veíamos el cielo por las rendijas y, por así decirlo, el significado e idea del árbol grabado en un millar de jeroglíficos de los cielos. El universo se adecúa tan bien a nuestro organismo que la mirada vagabundea y descansa al mismo tiempo. A cada lado hay algo para apaciguar y refrescar el sentido [...]. Las hojas tienen formas mucho más variables que las letras de los alfabetos de todo el mundo; el roble, por ejemplo, no tiene dos iguales, y cada una expresa su propio carácter.»

Esta aproximación de formas naturales favorece un pacto de confianza entre humano y naturaleza. Sin duda, Thoreau conocía la palabra sánscrita que expresa la confianza: *shraddhā*, 'meterse en el corazón', *shrad*, 'corazón' y -*dhā*, 'ponerse'. Hay muchos pasajes en su *Diario* que dan a entender una relación singular con los árboles: manzanos, raíces de los pinos, robles, álamos temblones... En una perfecta concordancia con la concepción india, percibe la creación como una energía original que se despliega en la multiplicidad. El árbol, celebrado a lo largo de los siglos en la India, desde los poetas videntes del Veda hasta el tiempo presente, es un símbolo perfecto de la unidad en la diversidad. ¿Sería él el inventor del yoga de los árboles?

La transmisión de los árboles

Hay intuiciones que se encuentran en las culturas antiguas, como la unidad universal o las correlaciones microcosmos-macrocosmos. El poeta y filósofo indio Rabindranath Tagore recuerda hasta qué punto la vida en el bosque, el contacto con los árboles, es un factor en el despertar espiritual, pues favorece la conciencia de la vida como unidad e inter-ser.

> «En la India, nuestra civilización nace en el corazón de los bosques, y debe a su origen y medio un carácter particular [...]. Da [a los hombres] una orientación especial. En contacto continuo con la vida y el crecimiento de la naturaleza, el hombre no experimenta ningún deseo de extender su dominio ni de rodear de murallas lo que había conseguido. Su objetivo no era acumular, sino «realizar», expandir su conciencia desarrollándose junto con el medio y adentrándose en él con más y más profundidad. Sentía que la verdad debía abarcarlo todo, que en la vida el aislamiento absoluto es imposible y que el único medio para alcanzar la verdad es incorporarse a todo lo que existe. Comprender la vasta armonía entre el alma de los hombres y la del universo era, en la India, el objetivo de los sabios que vivían en el bosque.»
>
> *(Sādhāna)*

En la tradición budista se dice que un árbol es un *sūtra* (un versículo de enseñanza) para quien sabe ver y oír. En nuestro idioma, el término *vegetal* se asocia con «vegetar», con una cierta idea de estancamiento, mientras que el verdadero sentido del término debe relacionarse con: velar, vigilia, vigilancia, vigor. *Vegetal*, de hecho, procede del latín *vigeo*, que significa 'estar lleno de vigor' y está relacionado con *vigilo*: 'velar'. ¡El árbol es una especie vegetal que vela por nosotros y nos vigila! Recordemos que *Buda* significa: 'el despierto'. El momento crucial que precede al despertar, sentado bajo el árbol del *Bodhi* (despertar), invoca un recuerdo de la infancia para averiguar si su estado interior es un terreno fértil. El árbol se manifiesta también en esta circunstancia como el refugio donde tiene lugar la metamorfosis.

> «Sentado a la sombra fresca de un árbol [...], exento de deseo y de un estado espiritual negativo, entré en un primer recogimiento con toda la alegría y bienestar que eso conlleva, un estado engendrado por el desapego interior, pero no exento de observación y de reflexión. ¿Debía ver en ello el camino de la iluminación? En respuesta a ese recuerdo, mi conciencia me dijo que sí, que era el verdadero camino de la iluminación.»
>
> (*Majjhima Nikaya*, I.245-246)

Varios de los nombres en sánscrito atribuidos al árbol hubieran encantado a Thoreau: *vanaspati*, 'maestro o pastor del bosque', que se refiere a un árbol grande y viejo, protector del bosque (*PÂ*: 'proteger'), *anokaha*, 'que nunca abandona su morada', *taru*, 'el que cruza (de la tierra al cielo)', *druma*, que expresa 'la fluidez de la savia', *vriksha*, 'que crece infinitamente'. Por otro lado, entre los indios kogui de Colombia, el término *aluna* hace referencia al principio del universo, de una forma análoga al *dharma* indio, la «ley del orden adecuado de las cosas». La percepción intuitiva de la unidad de la vida tiene como consecuencia el respeto por la fauna, la flora y la montaña, así como una ausencia de discriminación entre los humanos. Sentirse uno junto con, esa es su regla de vida. Igual que en la India, una perspectiva precientífica y holística de la realidad genera un sistema de correlaciones entre el universo y el cuerpo.

El árbol cósmico

En el simbolismo indio, el árbol encapsula la estructura del universo formado por los cinco grandes elementos: espacio/éter, aire/viento, fuego/sol/luna, agua, tierra. Este imaginario, transmitido desde hace miles de años por los textos sagrados del hinduismo (*Veda*, *Upanishad*, *Tantra*), sigue vivo en la India de hoy en día: el árbol se percibe como el símbolo vivo de la interconexión universal. En numerosas culturas igual de antiguas, al árbol se lo honra como la síntesis de las energías propias de los grandes elementos. Provee una estructura dinámica para imaginar la vida cósmica. Este símbolo confiere un sentimiento de unidad viva: a través de él, el universo, el cuerpo y el planeta Tierra se perciben como pertenecientes a una misma trama vibratoria. La noción de arborescencia permite una visión dinámica, global e interconectada de la realidad a partir de la energía creadora primordial, *prakriti* ('pro-creación'), que une el microcosmos y el macrocosmos:

> «Surgido de lo no-manifiesto, brotado como único apoyo, su tronco es la *buddhi* [facultad intuitiva del despertar], sus conductos internos son los canales sensoriales, los grandes elementos, sus ramas, los objetos de sus sentidos, sus hojas, sus flores, lo justo y lo injusto [*dharma-adharma*], el placer y la tristeza, sus consecuencias. Este Árbol-Brahmán eterno es una fuente de Vida para todos los seres.»

> (*Mahābhārata*, *Anugītaparvan*, 4.12-15)

Detengámonos en la etimología de estos términos: *Brahman* (el Absoluto en el que todo tiene su origen) y *Vriksha* (el árbol). *VRiH/BRiH* comparten una misma raíz etimológica que significa 'crecer, volverse inmenso' (véase Monier-Williams). Además, el Brahmán hace pensar en una arborescencia infinita, como muestran muchos textos upanishádicos.

Como eje vertical, el árbol ofrece una imagen del mundo en expansión, recorrida por las olas vivificantes de savia. Simboliza el cosmos en perpetua regeneración, las aves sobre las ramas sugieren los estados de conciencia más elevados, su savia es el néctar de la inmortalidad (*amrita*). Desde lo alto, obtiene la vida de la luz celeste. En los *Veda* y los *Upanishad* está muy presente el tema del Árbol invertido, con las raíces hacia el cielo y las ramas hacia abajo como símbolo del rol primordial de la Luz o el Conocimiento, asimilado al germen de la Vida (*hiraṇyagarbha*, Vientre de Oro). En esta representación de la interconexión universal, el mundo-árbol obtiene la vida de las fuentes de la luz celestial.

«Con las ramas hacia el cielo y las raíces hacia el suelo, así de atemporal es Aśvatta. Es el Brahmán, lo Inmortal. En Él viven todos los mundos. No hay nada más allá.»

(Katha Upanishad, VI.1)

El *aśvatta* es el *Ficus religiosa* o higuera de las pagodas, considerado un árbol sagrado, símbolo de fecundidad. Su energía prodigiosa (*tejas*) sobrepasa el sol, es la potencia resplandeciente de la sílaba «OM» (o «AUM»), que simboliza la tríada divina. Colocada originalmente al inicio y final de los textos sagrados, es un mantra que sirve de apoyo esencial de meditación para los hindúes. Sus ramas son el éter, el aire, el fuego, el agua, la tierra y todo lo que existe. Sin duda Thoreau conocía estos textos y podemos llegar a pensar que se quedó con dos aspectos:

— La unidad de lo real:

«Espacio, agua, fuego, agua, tierra, planetas, todos los dioses creadores, las divinidades, los árboles, las plantas, los ríos y nosotros mismos somos órganos del cuerpo divino. Al acordarnos de ello, nos volvemos respetuosos con todas las especies.»

(Bhagavata-Mahāpurāna, V.2.41)

— La virtud medicinal de los árboles es esencial en ayurveda (ciencia de la vida larga). El edicto de Ashoka durante el siglo III a. C. enumera los beneficios de las hierbas medicinales, de las raíces y las frutas, beneficiosas para hombres y animales, así como el hecho de cultivar la tierra, como un ritual de solidaridad.

En una cultura distinta, el gran metafísico y místico sufí Ibn Arabī (1165-1241) nos ofrece un maravilloso tratado titulado *El libro del árbol y de los cuatro pájaros*. En sus páginas de pura poesía espiritual nos anima a hacer realidad el «hombre universal», integrando igual que el árbol las polaridades tierra-cielo, manifestación-esencia, cuerpo-alma.

De la misma manera que el árbol invertido de los *Upanishad*, el hombre universal se verá realizado en el «regreso al Origen». Veamos aquí algunos versos que ilustran esta investigación que oscila entre distintas tomas de conciencia:

> «De mi insuficiencia a mi perfección,
> de mi inclinación a mi equilibrio, [...]
> de mis días a mis noches,
> de mi luz a mi oscuridad,
> de mi brisa a mi ramaje,
> de mi ramaje a mi sombra, [...]
> de mi cielo a mi tierra [...].»

El amor por los árboles que sentía Thoreau no se reduce a un enfoque utilitario. Participa de la misma percepción sutil, más allá de lo visible, que se evoca en los textos indios. Sin embargo, no descuida el árbol físico, que respeta y cuida igual que lo hace con su cuerpo y su alma.

Cuidar de los árboles

Conocemos el compromiso de Thoreau con distintas causas, como la lucha contra la esclavitud, expresada en su ensayo *Desobediencia civil*. También defiende los árboles. La entrada del 23 de octubre de 1855 de su *Diario* muestra una sensibilidad que era del todo inaudita en el Massachusetts de la época:

> «Es época de castañas. Al lanzar una piedra contra un árbol, caen sobre la cabeza y hombros del lanzador. [...] Infligir una herida innecesaria en el árbol que nos alimenta y nos da sombra es peor que grosero, es criminal. Los árboles viejos son nuestros padres, tal vez los padres de nuestros padres.»

Thoreau se toma la defensa de los árboles como si defendiera dioses y diosas. Se cuenta que Parvātī, «Hija de la montaña» (*parvata*) y esposa de Shiva, plantó un brote del árbol Ashoka («sin sufrimiento») del que cuidaba con gran solicitud. Los dioses le preguntaron: «¿Para qué cuidar tanto de un árbol, ¡lo tratas como si fuera tu hijo!», a lo que Parvātī respondió sin inmutarse:

> «Quien cave un pozo en un lugar donde hay escasez de agua pasará en el cielo tantos años como gotas de agua haya en el pozo. Es más; un gran depósito de agua vale diez pozos, un hijo vale diez depósitos, pero un árbol tiene el valor de diez hijos. De esta manera deseo ofrecer mi protección al universo.»
>
> (*Matsya Purāna*, 154.506-512)

En el mundo cohabitamos con 3.000 millones de árboles. Nuestra vida depende de ellos. Al absorber el exceso de dióxido de carbono presente en la atmósfera a través de sus hojas y liberar oxígeno, nos permiten respirar. A través de sus raíces, almacenan agua. Con sus frutos, alimentan a los seres vivos. Al convertirse en voz de alerta, Thoreau había presentido los riesgos de una expansión industrial excesiva basada en un beneficio que desafía toda moral.

> «Una semilla, que es el embrión de una planta o un árbol y contiene el principio de crecimiento y de vida, es más importante a mis ojos y dentro de la recuperación de la naturaleza que el diamante Koh-i-Noor.»
>
> (*Diario*, 3 de noviembre de 1861)

Nadie escuchó su advertencia, como también se desoyeron los numerosos informes científicos que cayeron en el olvido en un mundo en el que las lógicas económicas pasan por encima de la protección de lo vivo.

La conservación de los bosques puede salvarnos, en eso estamos todos de acuerdo. Pero ¿de dónde viene esta extraña pulsión destructiva? En los textos de la antigua India llamados *Purāna* se menciona una disgregación del *dharma* que se manifiesta en la era de Kaliyuga y que entraña catástrofes ecológicas y climáticas. Como veremos más adelante, la causa es un sentido del yo exacerbado y opuesto al sentido de unidad y armonía que predomina en los períodos precedentes. La única solución es poner en práctica una energía poderosa, la *shakti*, la única que puede salvar (provisionalmente) lo que queda del ser. La *shakti* es un principio femenino en la India y, curiosamente, muchos movimientos ecologistas en el mundo se autodenominan ecofeministas. En la India encontramos por ejemplo a Vandana Shiva y a Jayanta Bandyopadhyay, protectoras de cereales y semillas antiguas, o el movimiento Chipko, compuesto de mujeres, cuya consigna bien podría ser:

«Abrazad a los árboles. Salvadlos de la tala. Forman parte de nuestras colinas, salvadlos del pillaje.»[5] «¿Qué nos da el bosque? El beneficio de la resina y la madera.» «¿Qué nos da el bosque? Un suelo, agua y aire puros.»

(Vandana Shiva, *Los monocultivos de la mente*)

En Uganda, Leah Namugerwa se implicó desde muy joven en la defensa de la selva, un patrimonio natural vital: a los quince años plantó 200 árboles, a los dieciséis ya eran 500 y pronto se convirtieron en 6.000, para salvar la selva de Bugoma, considerada en otro tiempo «la perla de África». Wangari Muta Maathai (1940-2011, Nairobi, Kenia), bióloga y profesora de anatomía veterinaria apodada «la que plantaba árboles», recibió el premio Nobel de la Paz en 2004 por su compromiso con el medio ambiente y la democracia. Nora Stephenson, en Guyana, libra desde hace cincuenta años una lucha sin cuartel contra la destructiva industria minera y ha conseguido paralizar el proyecto Montaña de oro. Paralelamente, lucha por la causa feminista, la democracia y la independencia de Guyana.

Seguramente Thoreau hubiera admirado y apoyado a estas heroínas de los cuatro extremos del mundo, además de a todas aquellas que viven guiadas por su vínculo con lo vivo, su *svadharma* (vocación, llamada de la vida en uno mismo), para que no triunfe el *a-dharma*, destructor de la armonía en la sociedad, en la naturaleza, en las personas. Valentía y lucidez, intuición de la unidad y de la interrelación universal, creatividad para y contra todo: igual que para Thoreau, el yoga del conocimiento y el yoga de la acción deben estar unificados.

Aunque cada día surgen movilizaciones, siguen siendo insuficientes para frenar la carrera por el dinero que gobierna el mundo. Incluso en la India, donde la cultura sacraliza los árboles y donde en 1980 se aprobó

---

5. El poeta Ghanshyam Raturi.

una ley que obligaba a las empresas a llevar a cabo estudios de impacto medioambiental y consultas populares con las poblaciones tribales antes de autorizar talas en bosques protegidos, esa misma ley se derogó en 2023 para facilitar proyectos industriales y comerciales. En lo que respecta a Francia, que estableció una Declaración de los derechos del árbol en 2019, en 2022 vio reducidas a cenizas 62.000 hectáreas de bosque.

4. Interconexión, la danza de la unidad

Algunos años después de su experiencia en Walden, el Thoreau humanista y naturalista no dudaba en transmitir su sabiduría y compartir sus convicciones siempre que se lo pedían. Como buen pedagogo, apasionado por la fauna y la flora, pone de relieve su experiencia y observaciones, especialmente ante la Sociedad de agricultores para tratar la gestión de los terrenos boscosos. Para él es una ocasión para abordar el tema de la interrelación entre los fenómenos naturales. Considera igualmente que la unidad cósmica es una evidencia. A lo largo de sus lecturas indias, descubre unos ecos muy potentes de estas ideas en la *prakriti*, la energía creadora en la filosofía samkhya, que es la base de la teoría del yoga. Gracias al principio espiritual llamado *purusha*, esta potencia de la Naturaleza se ve imbuida de una «inteligencia» que orquesta los elementos fundamentales y los combina para tejer la realidad. Fijémonos, además, en que el término «inteligencia» (*inter-ligere*) alude a la interrelación de todos los fenómenos y, a un nivel más profundo, al nivel de estratos invisibles (átomos, células...) que forman la unidad compuesta de la realidad.

Podemos imaginarnos que los primeros pensadores, poetas visionarios que elaboraron una visión del mundo y del hombre, vivían en contacto inmediato con la naturaleza, en una familiaridad íntima con los elementos. Impulsados por una curiosidad insaciable y con el fin de garantizar la propia supervivencia, observaban sin cesar los fenómenos naturales, los movimientos del aire y el viento, las lluvias, las mareas, el recorrido de las estrellas, de la luna y del sol en el espacio celeste. Un poco como Thoreau. «Quería unirme a los poderes que gobiernan el universo.» Se quedaron con el sentimiento de una interconexión dinámica, de una danza de todas las energías que conectaban la totalidad de las cosas visibles e invisibles. Veían en ellas la base de la armonía cósmica. A su manera, Jung también expresó este sentimiento de unión íntima con la Naturaleza:

> «En algunos momentos, me siento extendido sobre el paisaje y las cosas y me veo en cada árbol, en el chapoteo de las olas, en las nubes, en los animales que van y vienen y en los objetos.»

(*Recuerdos, sueños, pensamientos*)

La armonía *ritam*

La armonía *ritam* (que más adelante se designará con el término *dharma*) es la noción más importante del Veda, descubierta por Thoreau gracias a Emerson. Este término sánscrito es antepasado de varias palabras en nuestra lengua, como *rito*, *arte*, *artesano*, *articular*, *armario*, *armonía*, etcétera. Según la perspectiva védica, el *ritam* tiene la función de relacionar realidades distintas gracias a una dinámica «articuladora»: cuerpo y alma, individuo y universo, visible e invisible. Para el individuo, se trata de desempeñar su papel de forma adecuada, de articularse a la armonía universal y de interpretar su partitura. En el penúltimo capítulo de *Walden*, «Primavera», nuestro yogui del bosque homenajea al «Artesano de las cosas» y considera la «inocencia» un estado natural de conexión con el momento presente. Un estado así permite abrir los ojos y ver al otro sin proyección mental alguna, con transparencia, en su verdadera naturaleza:

> «Seríamos bienaventurados si viviéramos siempre en el presente, si aprovecháramos todo lo que nos sucede, como la hierba que se doblega a la influencia de la más mínima gota de rocío que se pose en ella. [...] Es a partir de nuestra inocencia recobrada que descubrimos la de los demás.»

(*Walden*)

Para vivir al compás de esta armonía, la privación sensorial no es indispensable, al menos no para el yoga tántrico, que es el que parece más cercano al espíritu de Thoreau. La condición es poseer una mirada lúcida y bien entrenada. La percepción del *ritam* es difícil, sin duda. A propósi-

to de él, Thoreau especifica que es un escollo que hace que la cooperación (con el *ritam*) sea, en general, extremadamente limitada y superficial «[puesto que se trata de] una armonía inaudible para los hombres» (*Walden*). Sin embargo, Thoreau cree ver un testimonio concreto de este vivir al ritmo del *ritam* en los nativos estadounidenses cuyo modo de vida observa desde la infancia. Alce Negro, un amerindio del pueblo oglala, da una expresión geométrica de esta armonía omnipresente en su vida cotidiana: el círculo.

> «Os habréis fijado en que todo lo que hacen los indios tiene forma de círculo, y eso se debe a que el poder del Universo actúa en círculos y que todo tiende a la forma redonda. En la época antigua, cuando éramos un pueblo fuerte y feliz, derivábamos todo nuestro poder del círculo sagrado de la nación. [...] El árbol floreciente era el centro vivo del círculo.»
>
> (*Pieds nus sur la terre sacrée*)

A través de los radios que se encuentran en el centro y las cuerdas, líneas que unen todos los puntos de la circunferencia, el círculo simboliza maravillosamente la interconexión, cosa que nos recuerda la práctica ritual en la India de los mandalas, diagramas simbólicos construidos a partir de figuras circulares.

Interconexión

Ver las cosas de otra manera, comprender mejor la realidad que nos rodea, lo que somos de verdad y la interrelación entre ambas cosas, estos son los desafíos a los que se enfrenta la ciencia, pero también la experiencia infinitamente variada del arte, de la literatura o de la vida, lisa y llanamente. Thoreau aúna, como un hombre de su tiempo, todas estas aspiraciones. Su escritura renueva la mirada que ponemos sobre la naturaleza, manifiesta aspectos que solo una persona paciente a lo largo de mucho tiempo puede ofrecer. La originalidad de Thoreau como pensador consiste, sin embargo, en aportar una mirada metafísica que eleva nuestra visión, sale al terreno y consigue, a través de su empatía con la naturaleza, hacernos sentir la naturaleza como un espacio interconectado, donde los elementos solo existen a través de su participación en este entorno compartido. ¿Es posible que nunca se nos hubiera ocurrido? Y eso no es todo: también existe una interconexión entre el observador y lo observado; no son entidades separadas, sino que participan de la misma realidad. Esto es similar a cómo el centro, el radio y la circunferencia forman parte de un mismo círculo. En cualquier caso, habría que matizar esta analogía tan concreta, pues todos estos elementos no son otra cosa que vibración y solo existen en una forma energética.

La percepción de esta interrelación, al originarse en el *ritam* primordial y dado que todos formamos parte de esta coreografía de dimensiones cósmicas, ofrece un gozo intenso. Un ser dotado de sensibilidad como Thoreau obtiene una profunda dicha de la contemplación de los campos y los bosques, puesto que percibe la conexión secreta entre humanos y la vegetación. «No estoy solo ni paso inadvertido, ellos me saludan, y yo a ellos», confiesa Emerson en su ensayo *La Naturaleza* siguiendo la misma línea. De igual manera, al contemplar las estrellas se siente conectado, vivificado por su energía. Entra en relación con el cosmos.

No es algo sorprendente, y quizá sea un conocimiento que hemos olvidado, pues la mayoría de las culturas antiguas y los pueblos originarios se fundaron sobre esta intuición: los Chisasibi (Quebec), los Inuits en Canadá, los Nayaka en el sur de la India, las culturas de mbuti (en el antiguo Zaire). ¡Es una lista muy larga! En estas visiones del mundo no hay ninguna separación entre naturaleza y cultura. Todo está interconectado y dar y compartir son la regla general. En la antigua India, el mismo *ritam* se consideraba un don divino. En la escuela budista Huayan (siglo VI) encontramos la «rigurosa quintaesencia», una visión análoga de la realidad como interrelación sin jerarquía en la que el humano no es el centro del universo. ¡Seguro que a Thoreau le hubiera gustado! El fenómeno humano se inscribe dentro de la trama continua, no es una entidad separada y aislada. Además, el cuerpo se percibe como un todo, también interconectado. La energía universal es inmanente en cada parte, en cada célula, y cada célula obtiene la vida de las demás y transmite su energía a las demás. Todo es todo, siempre cambiante de momento a momento. El universo que describe la escuela Huayan es un cuerpo vivo en perpetua transformación. Por asombroso que parezca, este tipo de intuiciones están presentes en las concepciones antiguas. Emerson, de hecho, se hace eco de ellas: «Una cadena sutil de incontables eslabones/Del más cercano al más lejano» (*La Naturaleza*).

El universo, trama dinámica de interrelaciones

Cuando experimenta la iluminación, el Buda alcanza una comprensión del universo como algo totalmente interdependiente. El conjunto de mundos le pareció una red perfecta de relaciones mutuas en las que cada elemento contiene potencialmente todos los demás. En el *Gandavyūhasūtra*, texto budista del siglo II o III, encontramos una metáfora muy elocuente de esta interdependencia: la red de Indra. La realidad adopta la forma de un gran enrejado que cubre el palacio del dios Indra, compuesto de incontables piedras preciosas de mil caras, cada una de las cuales refleja todas las demás. En esta visión sintética, todos los elementos de la realidad se perciben no como objetos limitados a sí mismos, sino como elementos de un todo interconectado.

Los primeros pueblos y civilizaciones antiguas practicaban danzas rituales para entrar en conexión con las fuerzas naturales. En el antiguo Egipto había una danza del amanecer que imitaba el ballet de las estrellas. Todas las fechas señaladas en la vida de la comunidad, como los monzones, por ejemplo, se celebraban con danza. Para Luciano de Samósata, la danza misma es una creación cósmica:

> «La danza nace al comienzo de todas las cosas; vio la luz del día al mismo tiempo que Eros, puesto que la danza primigenia aparece en el corazón de las constelaciones, en el movimiento de los planetas y de las estrellas, en las vueltas y evoluciones que dibujan en el cielo y en su orden armonioso.»

Podemos fácilmente imaginar al yogui del bosque alborozado al oír la melodía de un pájaro y poniéndose a bailar de improviso. Como el señor de los yoguis y de la danza cósmica, Shiva-Natarāja, que se encuentra en el origen del movimiento infinito del universo y la vida. Esta danza cósmica se despliega en una temporalidad relativa, extendiéndose a lo largo de miles de años para el hombre, pero para Vishnu sucede en un simple abrir y cerrar de ojos. En el shivaísmo de Cachemira, la danza simboliza el dinamismo interior de la Conciencia y Shiva es el soberano de la Vibración cósmica.

> «Cuando te estremeces entero, despliegas el mundo entero.
> Cuando tomas conciencia de tu esencia,
> tomas conciencia del universo.
> Cuando te tambaleas bajo los efectos de tu propio néctar,
> reluce el anillo de las existencias.»

(Utpaladeva, *Shivastotravalli*, en *Bhakti*)

En la India meridional, en el corazón del santuario del templo de Cidambaram se alza la estatua de Shiva, señor de la Danza, que encarna la Vibración cósmica (*spanda*) y cuyos ritmos gobiernan su quíntuple actividad de creación, preservación, disolución, ilusión y gracia. Los movimientos y gestos simbolizan la interpenetración de los niveles de realidad microcósmica y macrocósmica: el individuo se inscribe en el cosmos y, como refleja su estructura, el cosmos habita en su interior. Es un tema de meditación esencial para los yoguis y las yoguinis.

Meditar sobre el inter-ser

Es a partir de su afición a la introspección y su sensibilidad aguda que Thoreau empieza a practicar estas percepciones novedosas en su época, como la de la interconexión universal. No le cuesta ningún esfuerzo ponerse «en sintonía» con los elementos de la naturaleza y meditar sin ninguna postura mental; medita porque no puede hacer otra cosa. La vida lo ha colocado en una corriente de conciencia que desvela la unidad de lo vivo:

> «Oigo el rumor del arroyo de Heywood que cae en el estanque de Fair Haven y refresca mis sentidos de una forma inexpresable, como si fluyera por mis huesos. Lo escucho con una sed insaciable. Despierta un calor arenoso en mi interior. Me afecta la circulación; siento que mis arterias le tienen simpatía. ¿Qué es lo que oigo sino las

cascadas puras en mi interior, en la circulación de mi sangre, en los arroyos que llevan a mi corazón?»

(Diario, II)

Siente esa necesidad para vivir en la estela de la armonía, como lo expresa a su manera el jefe Luther Standing Bear:

«El hombre que se sienta en el suelo de su tipi
y que medita sobre la vida y el sentido sagrado de la vida,
que reconoce que todas las criaturas están emparentadas
y tiene conciencia de la unidad del universo
infunde en todo su ser
la verdadera esencia de la civilización.
Y cuando el indio abandona esta forma de perfeccionamiento,
su evolución da un paso atrás.»

(Terre sacrée [«Tierra Sagrada»])

Entre las más de dos mil páginas de apuntes que Thoreau escribió sobre los nativos estadounidenses con gran respeto, las siguientes líneas evocan el despertar simultáneo de los elementos, de la fauna, de la flora y de las almas:

«Tan pronto como estalla la primavera [...] La tierra está ya sembrada. Desaparecen las nieves, lagos y ríos se abren, las aves regresan a sus bosques y arroyos desiertos, brotan hojas, es ahora cuando el mundo espiritual en el que habitan los indios se encuentra en su estado de actividad más intenso, y el cazador rojo, que se cree dependiente de espíritus y genios para tener éxito en todos los caminos de su vida, cuida hasta la última palabra para no ofender a estos poderes recién despertados.»

(Indian Notebooks [«Cuadernos indios»])

Admirado por su total comunión con la naturaleza, Thoreau toma también en consideración los conocimientos médicos de los nativos estadounidenses, transmitidos de generación en generación, sobre los poderes curativos de la naturaleza. Al leer a Thoreau se nota perfectamente que a sus ojos no hay separación entre las distintas dimensiones de la realidad. Todos los elementos, animados e inanimados, habitan el mismo espacio. Impulsados por el mismo entusiasmo, el mismo afecto por la naturaleza, Thoreau y Emerson son portavoces de esta filosofía del yoga basada en la unidad y el inter-ser. La observación, una tarde nevada de invierno, forma el marco ideal para un período meditativo, en el sentido de una conexión profunda e intensa con la esencia universal. En el capítulo titulado «Habitantes de antaño y visitantes de invierno», Thoreau relata uno de estos episodios significativos de la osmosis vivida con un cárabo, donde cada uno se convierte en un espacio de la mirada para el otro:

«Una tarde me distraje observando un cárabo (*Strix nebulosa*) posado en una de las ramas bajas y muertas de un pino blanco, cerca del tronco, a plena luz del día, mientras yo estaba en pie a menos de una vara de distancia. Me oía moverme y hacer crujir la nieve bajo mis pies [...] abría mucho los ojos; pero pronto se relajaron de nuevo sus párpados y empezó a adormilarse. Yo también sentí que la modorra se apoderaba de mí después de observarlo durante media hora [...]. Entre sus párpados solo quedaba abierta una rendija mediante la que mantenía una relación peninsular conmigo; así, con los ojos entornados, contemplándome desde el país de los sueños, se esforzaba por divisarme, un objeto o mancha difusa que le interrumpía la vista.»

(*Walden*)

Como evoca en estas líneas, la cualidad de la mirada atenta se corresponde con los estados de conciencia que persigue el yoga. Según las distintas escuelas, se asocia este estado de conciencia sereno y despierto con un espacio en el que tiene lugar, con plena conciencia, el inter-ser. Se lo llama también «intermedio», «espacio de en medio», pues la conciencia se considera un espacio luminoso infinito y resplandeciente de luz-energía (*prakāsha-vimarsha*), en el shivaísmo de Cachemira.

Nueva visión, nueva acción

Ver y actuar desde el centro-unidad hacia el movimiento adecuado: ¿qué otro objetivo se le puede asignar al yoga? Thoreau se compromete en esta dirección, no de una única manera, sino a través de muchos caminos: la sobriedad, el compromiso político y ecológico, la investigación, la escritura... Participa activamente en la elaboración de la revista creada por Emerson y Margaret Fuller, *The Dial*: para los pensadores transcendentalistas, una misma alma inspira los ideales más elevados, en todas partes, y se expresa en todas las lenguas y en todas las culturas de una forma única. Thoreau, convencido de estas ideas universalistas, se convierte en asistente de Emerson y contribuye al tercer volumen, titulado *Ethnical Cultures*, que recoge comunicaciones relativas a textos en hebreo y en griego. En 1843, Thoreau publica en este número varios fragmentos del *Manusmriti (Código de Manú)*. Este texto fundamental de la tradición hindú explica la concepción del *dharma*, la ley del orden justo de las cosas. A su manera, nuestro yogui erudito es un activista de los estudios indios, pues en su primer libro publicado en 1849, *Una semana en los ríos Concord y Merrimack*, integra varias decenas de fragmentos de las obras sánscritas más importantes que hasta entonces se habían traducido al inglés: *Shakuntalā* de Kālīdāsa, *Hitopadesha* de Vishnusharma, *Sākhyakārikā*, de Īshvarakrishna, *Vishnupurāna*, además de una traducción del *Veda* de Rammohan Roy que data de 1832 y, por supuesto, la *Bhagavad Gītā*, un texto que no abandonaría jamás. Este saber unitario cataliza sus energías y le transmite una fuerza indómita en lo que respecta a vivir esa unidad desde la interrelación:

«No permitía que el mal tiempo interfiera con mis paseos [...] a menudo recorría entre ocho y diez millas por la nieve más profunda para asistir a un encuentro con un haya, o un abedul amarillo, o algún viejo conocido entre los pinos.»

(Walden)

¿Cómo resumir esta forma de tejer vínculos con la naturaleza y sus múltiples facetas, de captar su energía sutil? ¿Acaso no se trata de un yoga de las pequeñas cosas? La atención, casi veneración que presta a estos elementos, percibidos en el inter-ser, es algo que lo colma. Thoreau

139

vive con plenitud este acuerdo profundo con el flujo de la vida. Forma parte, igual que Rilke, de aquellos que «lo ven todo en un solo aliento, hombres y cosas» y «extraen del trasfondo de esta vida una verdad que los hace crecer» (*Worpswede*).

5. La edad sombría del Kaliyuga

La vida de Thoreau ilustra bastante bien lo que los *Purāna*, «relatos antiguos», explican acerca de la paradoja del yogui —según la *Bhagavad Gītā*— en la época del Kaliyuga: observar y actuar, incluso cuando la situación es desesperada, sin agitación. Las crisis que sacuden nuestro mundo, en todos los planos, son previsibles: perturbaciones climáticas, empobrecimiento del suelo, hambrunas, guerras, sobrepoblación, agitación social, fracaso moral, etc. El Kaliyuga es una era cósmica tan desestructurada que los sacrificios no bastan para restablecer el *dharma*. Cuanto más tiempo pasa, más se intensifica el caos. Paradójicamente, en el corazón de este desorden, los sabios despiertan más rápidamente, ¡es una emergencia! Todo se acelera, tanto el remolino del caos como las tomas de conciencia y las metamorfosis del despertar. Un puñado de seres humanos encontrará refugio en los bosques. Durante la extinción final, sobrevivirán y construirán una nueva era al amparo del *dharma*. Hay que sanar el *dharma* herido, esa es la misión del yoga, al menos al principio del Kaliyuga, cuando aún hay tiempo. ¿Forman parte Emerson y Thoreau de estos yoguis, de los *munis*, de los despiertos? Emerson efectúa un diagnóstico en línea con los *Purāna*: «El motivo por el que el mundo está saltando en pedazos es que el hombre está separado de sí mismo» (*Naturaleza*).

Ser yogui o yoguini significa zambullirse en las profundidades del mundo, con calma y lucidez. Significa también saber nadar entre las corrientes tumultuosas del *samsāra* y adquirir habilidad suficiente para evitar los rápidos y los obstáculos, como los indígenas en sus piraguas. Como Arjuna en la batalla de Kurukshetra, tenemos derecho a sentirnos impotentes, pero no de quedarnos de brazos cruzados. Hemos alcanzado un punto crítico en nuestra historia: la sombra de la era del Antropoceno se cierne cada vez más sobre nosotros. Según la tradición hindú, la situación crítica que se hace extensiva a todas las esferas de la existencia pone de manifiesto un fenómeno cíclico cósmico inevitable, como el equilibrio de una peonza que gira, pero acaba por tambalearse hasta caer. El interés de esta perspectiva, sin embargo, no reside en la anécdota, sino en el análisis simultáneo de las causas y de los factores agravantes. Este proceso se corresponde con el del yoga: la naturaleza del alma, sus aflicciones, sus peculiaridades. Si el altruismo fomenta la felicidad colectiva, el egocentrismo sienta las bases de la infelicidad. Así aparece el Kaliyuga, era de conflicto y de confusión.

Kaliyuga

¿Cómo situar el Kaliyuga en el tiempo cíclico de los indios? La unidad de tiempo cósmica es el *kalpa*, de una duración de 4.320 millones de años. Contiene mil *mahāyuga* (grandes períodos). Un *mahāyuga* comprende cuatro *yuga* a lo largo de los cuales el *dharma* se degrada de forma inexorable. En el primero, Kritayuga, la edad perfecta, no hay ni odio ni egoísmo, el *dharma* está estable porque se sostiene, digamos, sobre sus cuatro patas, como el toro Nandī. La edad siguiente, Dvāparayuga, reposa únicamente sobre tres patas, pero aunque el *dharma* ya no es lo que era, todo va relativamente bien. En el Tretayuga, la sinceridad y la rectitud van en declive, los humanos se comportan de una forma cada vez más interesada, el *dharma*, el sentido del deber, se deteriora todavía más, cada vez menos gente estudia los textos, la verdad suscita poco interés, aparecen deseos y enfermedades. El *Kurma-Purāna* plantea una situación catastrófica:

> «Surgieron entonces los viejos demonios de la avaricia y la pasión, dispersándose por todas partes; fue algo inevitable al final del Tretayuga (en el umbral del Kaliyuga). Los seres humanos se apoderaron violentamente de ríos, campos, montañas, árboles y plantas, ejerciendo su dominación sobre ellos.»
>
> (*Kurma-Purāna*, I.27.16-57)

En lo que respecta al Kaliyuga, se caracteriza por un individualismo creciente, un sentido del yo exacerbado, un grave declive del código moral y ético, la pérdida del sentimiento religioso, repetidas crisis sociales y políticas. La destrucción de los bosques, el gobierno del dinero, la codicia, la hostilidad, una esperanza de vida más corta y, sobre todo, una inversión de los valores, la proliferación de falsos profetas, el individualismo campa a sus anchas... La integridad del principio, las aspiraciones espirituales, la sed de conocimiento, todo queda reducido a un cuarto respecto al Kritayuga. Se olvidan los conocimientos antiguos. La ira, el hambre, la falta de cualquier objetivo que no sea material, el desinterés por el despertar son rasgos característicos del Kaliyuga. Los nativos estadounidenses compartían la misma conciencia de una época «enferma»:

«La Tierra es como un animal. Cuando un animal enferma, sufre espasmos y temblores, lo que vosotros llamáis terremotos y erupciones volcánicas.»

(*La voix des sages indiens* [«La voz de los sabios indios»])

Es muy probable que Thoreau tuviera conocimiento de textos similares, tan lúcidos como alarmantes. En cuanto yogui del conocimiento y de la acción, se siente responsable de mejorar la situación en cuanto esté en su mano. Igual que Arjuna, lucha sin esperar beneficios personales, de forma desinteresada, pero con todas sus fuerzas físicas, intelectuales y espirituales. Es un modelo para los yoguis y las yoguinis contemporáneos, pero ¿dónde está la salida de este *samsāra* en el que abundan la violencia, la incoherencia y el falso saber? Según los cálculos indios, esto no es más que el principio. Todo empezó hace más de tres mil años con un diluvio interminable. El Kaliyuga surgió el 17 o 18 de febrero de 3102 antes de Cristo y se le supone una duración de 432.000 años. A medianoche el último día, Kalki, un avatar de Vishnu, ¡el salvador!, aparecerá para restablecer el *dharma*. Este ciclo va a repetirse hasta la gran disolución (*mahāpralaya*). En la escena final del *Lingapurāna* (I.4.36-61), los mundos y los planetas son reabsorbidos por el océano cósmico. *Pralaya* significa 'disolución': la materia se disuelve, se vuelve líquida y luego gaseosa por acción del fuego. Al final, todo regresa a la vibración. El tiempo mismo se funde en el espacio infinito.

En los últimos relatos del *Mahābhārata* se describe una escena catastrófica que clausura el Kaliyuga:

«La población aumenta de forma exagerada al término de esta era. Los olores se vuelven pestilentes y los sabios, indignos. Las mujeres tienen muchos hijos [...] las vacas no dan apenas leche y los árboles llenos de cuervos dejan de ofrecer flores y frutos [...]. Los brahmanes se rebajan a saquear los recursos del país para sobrevivir, los cabezas de familia, apabullados por los impuestos, se ponen a robar [...] los estudiantes védicos se entregan a la avaricia y no piensan en otra cosa que en posesiones mundanas. Las niñas quedan embarazadas a los siete y ocho años [...]. Cuando se aproxima el final de esta última era, los animales mueren de hambre [...]. Un incendio devastador lo aniquila todo sobre la superficie de la tierra [...]. Nubes extraordinarias se reúnen en el cielo [...] los seres humanos se vuelven como bárbaros omnívoros [...]. La crueldad causa estragos [...] la destrucción de los árboles, de todas las vidas del mundo. Se extiende un sufrimiento universal debido a la sequía [...] ni gota de lluvia durante la estación de lluvias, nada que cosechar, es el final del Kaliyuga.»

(*Mahābhārata*)

Cuando arrecia la tormenta, qué agrava o apacigua la situación

Es evidente que no todo depende de la naturaleza y de los ciclos cósmicos. El ser humano tiene una gran habilidad para empeorar las cosas, sabe limitar su perspectiva a los propios intereses, obcecarse en el beneficio inmediato, lanzarse a una carrera desenfrenada sin prestar atención a lo que lo rodea, sacrificarse a los dioses del rendimiento, del consumismo, perder de vista lo esencial. Todo esto son habilidades vanas que Thoreau denunciaba con una lucidez premonitoria respecto a la aceleración exponencial que se ha producido desde su época, por no hablar de la carrera armamentística, de las montañas de residuos y de las armas nucleares capaces de destruir varios planetas de una vez. Junto con Bertolt Brecht, podríamos hacernos una pregunta muy ingenua: «Si los tiburones fueran hombres, ¿se portarían mejor con los pececitos?» (*Si los tiburones fueran hombres*). La respuesta ya la sabemos.

Es cierto que el ser humano sobresale con gran frecuencia en el arte de la destrucción. Pero a veces también tiene la inteligencia y el corazón para mejorar las cosas, para apaciguarlas, para abrirse a otra visión, dar un paso al costado y actuar de forma sinérgica. La toma de conciencia de la unidad subyacente y de la interconexión universal es un acto salvador, incluso a un nivel infinitesimal. Los preceptos del yoga pueden contribuir a transformar la puesta en escena, aunque el escenario esté en ruinas. «El yoga es la habilidad en la acción», enseña Krishna a Arjuna en el campo de batalla (*Bhagavad Gītā*, II). De esta manera, los Bishnoi formaron una comunidad vishnuita en el Rajastán muy comprometida con la ecología. Viven en el desierto de Thar, sometido a unas temperaturas tan extremas que se lo apoda Tierra de los muertos. Para cambiar su suerte, Rana Ram Bishnoi, apodado «Tree-man of Desert» [«Hombre-árbol del desierto»] decidió plantar árboles, cuidarlos y regarlos con tanto éxito que dio vida a más de 22.000 árboles a lo largo de los cuarenta años siguientes. Este pueblo desarrolló un sentido innato de la conexión con la naturaleza, la fauna y la flora a la vez que practicaba una disciplina rigurosa relacionada con la pureza del cuerpo y el alma. Todo empezó con la experiencia de un pastor visionario, Jambeshwar Bhagavan (1451-1536), fundador del movimiento Bishnoi. Igual que predicen los *Purāna* sobre el Kaliyuga, tuvo una visión del caos, que amenazaba a la naturaleza y a la humanidad en su conjunto. El futuro sabio y profeta se tomó muy en serio la advertencia y juró hacer todo lo posible por salvar la naturaleza y a los seres que habitan en ella. Para poner en práctica su intención altruista, promulgó una serie de preceptos: empatizar con lo vivo, no destruir árboles verdes, no comer carne, sino proteger y alimentar a los animales salvajes. A continuación, preceptos para la paz espiritual: dedicar una atención plena a las propias palabras, perdonar, ser humilde, compasivo, pacífico. Lavarse a diario. Meditar dos veces al día, al alba y al atardecer. La vida cotidiana de Thoreau en los bosques de Walden no está muy alejada de la de los Bishnoi. Esta forma de ser y de comportarse, basada en el sentido de la unidad, conllevaría muchos beneficios para nosotros. Por ejemplo, no tardaríamos en ver nuestras ciudades o terrenos áridos convertidos en espacios verdes. ¿Por qué no soñar con algo así e intentar hacerlo realidad? ¿Acaso la incapacidad de imaginar no es el primer obstáculo en el acto de la metamorfosis?

Para infundirnos coraje y esperanza, situémonos durante unos instantes al pie de un árbol, a la orilla de un río o en una playa desierta por la mañana y escuchemos a Plotino (s. III) hablar de las maravillas de la unidad. Este filósofo helenístico al que Thoreau debió de leer con fruición nos invita a imaginar una arborescencia universal:

«¿Qué es, pues, la unidad? Es lo que hace posibles todas las cosas. Aquello sin lo que nada existiría, ni el ser, ni la inteligencia ni las formas de vida más elevadas, nada de nada. Lo que está por encima de la vida y es la Causa de la vida. La actividad de la vida, manifiesta en todas las cosas, no es el primer principio, sino que fluye como de una fuente. Imaginemos una fuente sin origen, que se vierte en todos los ríos sin agotar jamás su abundancia y permanece tal y como es, inmutable [...]. O imaginemos la circulación de la vida por un gran árbol. El principio original de la savia vital permanece en reposo y no se extiende por las ramas, puesto que se encuentra, hasta un cierto punto, basada en las raíces. Este principio proporciona a la planta su vida y su multiplicidad, pero permanece en reposo [...]. Obtener la visión [de la Unidad] depende únicamente del esfuerzo de aquel que lo desea. Si no alcanza la contemplación, si no llega a despertar a esta vida más allá de la vida, no debe culpar a nadie más que a sí mismo y hacer un esfuerzo puro por desprenderse de todo [...]. La Unidad solo está presente para aquellos que están preparados para su presencia, que son capaces de recibirla y entrar en armonía con ella.»

(*Enéadas*)

Unidad, *árbol*, *savia vital*, *presencia*, son algunas de las palabras clave de la filosofía de Thoreau. Podríamos añadir el aliento que a menudo evoca la felicidad de una bocanada de aire puro. Para los yoguis, la respiración es una energía que mantiene constantemente el movimiento de la vida, tanto dentro del cuerpo y del alma como en el cosmos. El aliento universal (*prāna*) conecta ambas cosas, cuerpo-universo. Es lo que garantiza el *dharma* que a la vez genera armonía entre la salud y la orquestación universal. El Veda aporta una precisión notable, el homenaje al *prāna* no se limita a un momento especial, reservado a rituales determinados, sino que hay que cumplir sin tregua la libación ininterrumpida del aliento (*prānāgnihotra*). Con este mandato se pretende prevenir un peligro mayor: pasarse la vida dormido. Las confesiones de Thoreau son una oportunidad para que todos y cada uno de nosotros despertemos, para que hablemos con nosotros mismos con sinceridad y profundidad, sin formalidades ni complacencia. Cuando entramos en contacto con él, nos beneficiamos de este honor raro y secreto que solo las almas guardianas son capaces de despertar en nosotros: un recuerdo inesperado, una ligera melodía que nos invita a despertar. ¡Y ya no volveremos a dormirnos! Igual que Henry David Thoreau, podemos emprender la vía yóguica de la unidad basada en la intuición de la interconexión universal. En el denso bosque de la realidad, nos abre a la conciencia del inter-ser y de la responsabilidad mutua.

III

El yoga de la belleza

dao, voie, ardent, nay, heure, ih, hu

dao, vía, ardiente, nay, hora, ih, hu
(dao, en chino: camino)
(nay: flauta antigua)

«Un hombre que tenga los ojos abiertos a la belleza del mundo que lo rodea.»

(*Diario*, VI)

Thoreau conoció dos bosques, el de los árboles y el de los libros. Ambos tienen su propio follaje, sus propios perfumes, sus estaciones. A los veintisiete años decide distanciarse del mundo del progreso cuya eclosión está observando: ferrocarriles, aserraderos, paisajes urbanos. Presiente sus efectos destructivos a más o menos largo plazo y se aplica el siguiente lema:

«Querer conquistar y manipular el mundo es correr directo al fracaso; el mundo es un asunto espiritual. Quien lo manipula lo mata, a quien quiere aprovecharse de él, se le escapa.»

(*Tao Te Ching*)

1. Elogio de la belleza

En *Caminar*, Thoreau deplora el empobrecimiento del pensamiento, que se está volviendo tan poco frecuente como las palomas migratorias a causa de la deforestación:

«Parece que, de año en año, cada vez menos pensamientos visitan a los hombres adultos, puesto que la arboleda de nuestra mente se ve devastada, vendida para alimentar hogueras de ambición innecesarias o enviada a un aserradero.»

Para escapar de este empobrecimiento mental y cultivar el despertar en todo momento, nuestro yogui del bosque construye su cabaña a la orilla de Walden, el estanque de agua pura que debe su nombre al inglés antiguo *weald* ('bosque') y *dene* ('valle'): «valle del bosque». El joven, acompañado de poetas griegos y romanos, viene a encontrar en este lugar salvaje una nueva música de vida. Quiere cultivar una práctica consciente del momento, convertir lo cotidiano en un arte de la sencillez y de la unidad. Esta dimensión de lo vivido es omnipresente en los textos de Thoreau, incluso si, día a día, crece en su interior la toma de conciencia de una cierta inarmonía, de lo artificial, del caos acechante. Gracias a su agudez crítica, tenderá cada vez más hacia la experiencia de la armonía, tanto en el mundo que lo rodea como en la energía que precede a las formas. La percibe en los árboles, los ríos, en las judías que brotan. El universo, la naturaleza, la existencia, le parecen la obra maestra suprema; lo que pasa es que el artista o artesano de nuestra vida somos nosotros mismos.

Lo que escribe Thoreau de su vida en Walden o de sus excursiones a tierras salvajes es un elogio vibrante de la contemplación, de la soledad, del silencio. Se emociona por una hoja que se arremolina, por las pisadas de un ave sobre la nieve, y su conciencia queda absorta rápidamente en el silencio que subyace a todo. Como poeta, saborea la belleza, simple, indefinible; celebra de corazón su valor incalculable. Y si ve la belleza a su alrededor hasta en los detalles más ordinarios que suelen pasar desapercibidos es porque su mirada sabe posarse tanto en lo insignificante como en lo infinito, y porque su corazón, convertido en un remanso de paz, es capaz de abrirse a ello. La tranquilidad crea las condiciones para el asombro y el asombro consigue sumergir el espíritu en una calma repentina. Lejos de ser anodina, esta experiencia es destacada por los filósofos indios que la definían como una expansión repentina de la conciencia. En el Tantra, la contemplación creadora —con conciencia plena— se cultiva como una práctica del despertar que disuelve el sentido del yo y conecta con el Todo.

Sin saberlo, Thoreau se manifiesta como yogui de la belleza profunda, oculta, la de los cielos, las aguas y los bosques silvestres. Por su intensidad, esta experiencia transformadora le llega al corazón y, como es a la vez verdad y belleza, lo convierte en un hombre auténtico que resplandece con la única belleza que nunca se marchita.

Vivir la vida con poesía, en un estado de espontaneidad total, ese es su compromiso, su *svadharma*, y por eso inventa y crea sin cesar, extrayendo de la naturaleza la alegría de una creatividad inagotable. Lo que ve, oye, toca y huele es señal de otra realidad de la que percibe los armónicos en el murmullo de las cosas. En la estética india, eso se llama *dhvani*, resonancia, poder de sugestión.

Según los *Tratados de Manú sobre el dharma*, el hombre es el único ser del universo que no comprende su papel de forma intuitiva. En la cadena continua de los seres, es el eslabón más débil. Solo a través del autoconocimiento logrará recuperar la intuición de la armonía e integrarla en sus pensamientos y actos. Este yoga sutil culmina en la experiencia interior. Desde dentro, hay que alcanzar la vida universal y por fuera, refinar su expresión en la vida cotidiana. Thoreau piensa que no basta con existir, sino que hay que vivir con «los ojos abiertos a la belleza del mundo» (*Diario*, VI), con una frescura siempre nueva. Según la predicción de los *Purāna*, solo sobrevivirán quienes lleven una vida de ermitaños y se hayan refugiado en la paz de los bosques. Así, gracias a estos «grandes saboreadores de la vida» podría nacer un nuevo amanecer, una nueva humanidad.

Saborear la paz

Disponer de tiempo es una auténtica delicia. En última instancia, el yoga sirve para afianzar este concepto, pues sin esta actitud interior nada puede ser yoga. En cambio, todo se convierte en yoga, el arte de la conexión, desde el momento en el que uno se ajusta al ritmo de la vida, de la propia vida. Tomarse tiempo, con conciencia, para respirar, sentir el cuerpo, contemplar los propios pensamientos, beber, caminar, ¡qué lujo! ¡Qué descubrimiento! Es eso lo que persigue Thoreau: suspender el paso del tiempo y en lugar de ir a la deriva por la superficie, zambullirse en las profundidades de la vida, que se abren al infinito:

«Quisiera vivir cerca del agua, no depender más que de mí mismo, descubrir qué es la vida de verdad [...]. El tiempo no es más que el riachuelo en el que pesco. Bebo de él, pero mientras bebo, veo el fondo arenoso y me doy cuenta de lo poco profundo que es. Su suave corriente se aleja, pero la eternidad permanece. Quisiera beber a más profundidad; pescar en el cielo, cuyo fondo está cubierto de guijarros que son las estrellas.»

(Walden)

Espectador divertido de las aves, de los ratones, de las ardillas, de los árboles, de los horizontes, habla con ternura de la complicidad que ha desarrollado con ellos, tomándose el tiempo necesario. Esta práctica es un yoga de la *bhakti*, «implicación, devoción», una expresión de su amor por la naturaleza que lo llena de gozo. A la vez, esta práctica precisa una conciencia sutil y un espacio interior vacío, libre, pues si el pensamiento está abrumado por mil cosas, ¿cómo dejar espacio para «un gorrión en el hombre» (*Walden*). Los hombres de letras de la China antigua también opinaban que el alma debía convertirse en un espacio vacío y vibrante. Madurar como un manzano o un roble. ¿Por qué apresurarnos tan desesperadamente? «Pasemos un día con la misma deliberación que lo hace la Naturaleza» (*Walden*).

Para eso hace falta mucha confianza en la vida y mucho respeto por uno mismo. Vivir sin agitación, conocer, tal como dice el yogui-alquimista Goraksha (s. XII) «el movimiento y la inmovilidad en el centro del cuerpo» (*Gorakṣa-vacana-saṃgraha*, V.43). Esta fórmula misteriosa que celebra el eje medio encuentra un cierto eco en los consejos del yogui-poeta, que evoca las vías del ferrocarril, aún inciertas en su época. Hay que proteger el propio eje, sin dejarse avasallar por presiones indebidas:

«Levantémonos pronto y sin demora [...]. ¿Por qué deberíamos dejarnos arrastrar por la corriente?»

(Walden)

El parloteo insustancial estorba su percepción del mundo igual que el exceso de actividad física: no quiere que sus manos estén «más ocupadas de lo necesario», aspira a consagrarse a lo que en ese momento de su vida le parece esencial: su propia naturaleza, su destino, su vocación de yogui. En el capítulo III de *Walden*, titulado «Lectura», evoca con asombro y veneración «los libros que circulan por el mundo cuyas frases fueron escritas inicialmente sobre cortezas de árbol». Habla de forma destacable de las palabras de un místico de Delhi (s. XVIII), marroquinero de profesión, con quien comparte el amor por los libros espirituales y que emprende viajes espirituales sin moverse de su almohada:

> «Según el poeta Mīr Camar Uddin Mast, "Correr por la región del mundo espiritual sin levantarse; esa es la ventaja que me dan los libros".»
>
> *(Walden)*

¿Cómo no acordarse de las prácticas taoístas?

> «Para reavivar con regularidad el aliento interior, los maestros celestes se retiraban a "cámaras de tranquilidad" (*jìngshì*) que, en el siglo primero, eran pequeñas chozas de madera con una ventana orientada al sur. En mitad del espacio, una mesa con un incensario, un pincel, un papel, tinta [...]. Suscitaban en sí mismos estos pensamientos: "Que las enfermedades se curen solas", "Que mi corazón se abra, que mis pensamientos despierten".»
>
> *(Le Taoïsme, chemins de découverte* [«El Taoísmo, caminos de descubrimiento»])

Thoreau también se toma tiempo para la contemplación, que permite una conexión profunda. Gracias a ella, experimenta el poder sanador de la naturaleza y durante toda su existencia no dejará de acudir a ella:

> «He subido a esta colina a ver la puesta de sol, a recuperar mi salud espiritual y a ponerme en contacto con la Naturaleza. Con ganas me bebería un gran trago de serenidad natural. ¡Que la profundidad responda a la profundidad!»
>
> *(Diario)*

Desapego

Vivir profundamente para permitir la expansión de la serenidad exige desapegarse de toda la agitación del mundo.

«Abrámonos camino entre el barro y el aguanieve de la opinión, los prejuicios [...] las apariencias [...], aluviones que cubren el mundo [...] hasta llegar al fondo duro y rocoso que podemos llamar "realidad" [...]. Fijar un Realómetro para que en épocas futuras sepan lo profundas que son las avalanchas de impostura y de apariencia que se han acumulado en algunas ocasiones.»

(*Walden*)

Para los sabios de la India ver con claridad depende de la capacidad de liberarse de las ataduras mentales que forman parte de nuestra individualidad, de nuestro inconsciente. En *Una semana en los ríos Concord y Merrimack*, Thoreau menciona la teoría de los vestigios inconscientes (*vāsāna*) que descubrió gracias a sus lecturas indias. Acerca de la tristeza, escribió: «El poeta indio Kalidasa dice en el *Shakuntalā*: "Tal vez la tristeza de los hombres al contemplar formas bellas y escuchar dulces músicas surge de un tenue recuerdo de alegrías pasadas y los restos de conexión en un estadio anterior de la existencia"» (*Siete días en los ríos Concord y Merrimack*).

Así deben entenderse mandatos como «olvidarse de uno mismo». A medida que se «adentra» en los grados de recogimiento (*dhyāna*), el yogui se desprende de sus corazas individuales. Su ser puro resplandece gracias a un «olvido radiante de sí mismo en el Todo de la naturaleza». El autor de esta frase, Hölderlin (1770-1843), pertenece a la corriente de Románticos alemanes a los que Thoreau apreciaba en grado extremo. ¡Abandonarse conllevaba encontrar la plenitud! Eckhart, el místico renano, se sitúa exactamente en la misma perspectiva: «Retírate de la agitación de las obras exteriores, sí, huye y protégete del estallido de los pensamientos». El término que usa para proponer este desapego, *Gelassenheit*, significa, etimológicamente hablando, 'dejarse a uno mismo'. Pero ¿cómo se hace?

Durante sus paseos por el bosque de al menos cuatro horas de duración, Thoreau experimenta una suerte de transición natural con este estado yóguico —la libertad de perderse— que él llama «la alegría de perderse» (*Caminar*). Sin duda, habremos experimentado en un día de lluvia o en una noche de luna llena la extraña aventura de perdernos, de la que conservamos un recuerdo embriagador. Sin puntos de referencia, sin certidumbres, no nos quedó más remedio que conectar con confianza con «esta fuerza profunda [...] [donde] se encuentra el origen común de todas las cosas, pues este sentimiento de ser que, sin saber cómo, nace en las horas de calma en el alma no es muy diferente a las cosas, al espacio, a la luz, al tiempo, al hombre, es uno con todo ello» (Emerson, *La autoconfianza*).

Encontramos, además, en su arte de la lectura un perfume de esta libertad del vagabundeo maravillado, fuera de los caminos habituales. Cuando lee en su bote, o sentado al pie de un árbol, dialoga de alma a alma, de corazón a corazón, con el autor. Este gran saboreador de la vida no se preocupa por las normas académicas. Lo único que lo preocupa es entrar en resonancia con la parte profunda de la humanidad que se expresa en las palabras que lee. Para él leer es conversar, de ser viviente a ser viviente. «Hay una conciencia común a todos los individuos [...] Al leer estos textos debemos convertirnos en los griegos, romanos y turcos que los escribieron [...] debemos vincular estas imágenes a una realidad de nuestra experiencia secreta, de lo contrario, no aprenderemos absolutamente nada» (Emerson, *Ensayos*).

El sabor de la serenidad

Encaramado a un árbol o una colina, o en medio de una pradera, ¿cuántas veces se dejaría embriagar Thoreau por la sensación de un espacio vasto y apacible? En el lenguaje del yoga, podríamos hasta decir que todo su cuerpo sutil, como por osmosis, se vio dilatado con las dimensiones de la naturaleza inmensa. «La Naturaleza tiene una personalidad tan vasta, tan universal...» (*Caminar*). Tanto la horizontalidad como la verticalidad pueden suscitar esta emoción. Acerca de los grandes pinos que se lanzan a la verticalidad, Thoreau manifiesta: «Nada puede igualar la serenidad de sus vidas» (*Caminar*). Todo sucede como si el corazón-conciencia se hubiera agrandado hasta alcanzar las dimensiones de la conciencia universal, tan espaciosa como serena. Fuera o dentro, material o mental, lo que busca es un espacio simple, libre, acogedor. Un espacio así, dotado de un cierto vacío, a sus ojos implica la plenitud. Es mejor que todo lo demás y predispone a una experiencia fundamental en la espiritualidad, ya sea india o de otro tipo: el sabor de la serenidad, que se considera por unanimidad el umbral del despertar. ¡Y ese espacio no es otro que él mismo!

En nuestra lengua, la palabra *paz* suele estar asimilada a una especie de calma pasiva. En sánscrito, la palabra *shānti* nos abre a un significado más profundo. Este término, repetido tres veces, se suele recitar al final de los mantras. Originalmente contiene un sentido dinámico por el sufijo *-ti*, que es análogo a nuestro *-ión* (acción, emanación, etc.). *Shānti* significa, literalmente, 'energía de la calma'. Todas las prácticas auténticas —yoga, tai chi, caligrafía—, que conllevan una concentración intensa, están basadas en la dinámica de la serenidad, *shānti*. Al fijarnos en la raíz etimológica *SHAM*, descubrimos otro hecho curioso de lo más interesante desde el punto de vista de la experiencia: *SHAM* se declina en distintos sentidos comprensibles en su secuencia lógica: detener, reposar, observar, soltar (fardos). De modo que reposo y observación están relacionados. Es verdad: ¿cómo es posible observar cuando el espíritu no se encuentra en calma? Asimismo, la calma no es en absoluto un estado homogéneo, igual que la relajación; cada uno puede profundizar y descubrir a través de su conciencia recuerdos hasta entonces desconocidos. En lo que respecta a los términos derivados, también tienen mucho que enseñarnos. *Shama*: tranquilidad, quietud, abandono, renuncia; *shānta*: apacible, desapasionado, propicio, de buen agüero; *shānti*: tranquilidad, ausencia de pasiones, desaparición, paz, bienestar.

Generar o acoger la tranquilidad dentro de uno mismo significa estar atento, en un estado de presencia viva. Cuando iba a navegar por el río con su hermano John, Henry David menciona esta cualidad en particular que combina paz y agudeza en la mirada, como dan a entender sus palabras sobre el espacio, el tiempo, las percepciones:

> «Nos deslizábamos por reinos apacibles [...]. Era verano cuando nos dormimos y otoño al despertar, pues el verano se convirtió en otoño en un momento imperceptible del tiempo [...]. Permanecimos tumbados, desvelados desde mucho antes del amanecer, escuchando el chapoteo del río y el susurro de las hojas, preguntándonos si el viento soplaba hacia arriba o hacia abajo.»

> (*Una semana en los ríos Concord y Merrimack*)

¿Y por qué la experiencia de la paz está tan vinculada a la de la belleza y el despertar? Dediquemos algunos momentos a escuchar a Abhinavagupta. Creo que a Thoreau le hubiera entusiasmado leer sus obras, sobre todo aquellas en las que habla del arte, ya que también fue músico y poeta. En lo que al yoga respecta, llega más lejos que sus predecesores y maestros que escribieron sobre arte. Confiando en su intuición y su experiencia, Abhinavagupta plantea una hipótesis osada: la existencia de un noveno sabor, el de la calma. Según Bhārata, el fundador indio del arte dramático, existe una clasificación de ocho sabores que se relacionan con los «sentimientos permanentes» (*shāyibhāva*) correspondientes. Estas «disposiciones psíquicas innatas» están universalmente presentes en todas las almas individuales bajo la forma de impresiones latentes (*vāsanā*, 'perfume'), de recuerdos de experiencias pasadas, que impregnan —perfuman— la trama de la tela-conciencia, según la metáfora clásica. Los sentimientos permanentes y sus sabores se expresan en el siguiente orden: la ternura y el sentimiento amoroso, la alegría y el humor, la pena y el patetismo, la cólera y el furor, la impetuosidad y el sentimiento de heroísmo, el miedo y lo terrible, la aversión y lo odioso, el asombro y la maravilla. Abhinavagupta destaca un noveno sabor, la serenidad (*shāntarasa*), basada en el discernimiento de la realidad (*tattva-vijñāna*) y la quietud de que va acompañada.

Plantea que ninguno de estos sabores existiría sin un sabor fundamental, igual que ningún color existiría sin la transparencia de la luz. Este noveno sabor, el de la serenidad (*shāntarasa*), es indisociable del desapego a los objetos de este mundo. Es primordial en la búsqueda del despertar, pues se corresponde con la experiencia del *samādhi*, el grado más alto del yoga, la concentración profunda. Para Abhinavagupta, *shāntarasa* se define como «el reposo en la propia esencia», ponerse al unísono con la Realidad, Brahmán. El sabor de la serenidad es gemelo de la experiencia de lo sagrado, es de naturaleza universal, puesto que pertenece a otro orden que la experiencia en el mundo, como escribe en el *Abhinavabhāratī*.

No se trata, pues, de una paz seca y desencarnada, sino vibrante en todas las dimensiones del ser. En los textos más antiguos del budismo, contemporáneos de Buda, podemos encontrar evocaciones maravillosas de esta paz imbuida de beatitud que recuerdan el ambiente de los frescos de Ajanta:

«[La paz que emana del recogimiento, *dyāna*] produce una felicidad que colma todo el cuerpo, como una alegría cálida que inunda el cuerpo, lo vuelve flexible, tierno, feliz.»

(*Suttanipata*)

«Esta felicidad acompañada de alegría, nacida del *samādhi*, inunda todo su ser, como un estanque profundo de donde el agua mana de una fuente subterránea.»

(*Digha Nikāya*)

Estos instantes de eternidad conllevan una renovación de la relación con el mundo, con los demás, con uno mismo, que se abren al asombro al permitir que emerja la intuición de la belleza.

2. Asombro

Para quien sabe discernir la belleza simple, la Naturaleza es una obra de arte en perpetua creación. Thoreau, músico, poeta, percibe la naturaleza, el universo y la vida como un poema, una obra de arte. Ni siquiera tiene necesidad de buscar las señales de esa belleza, estas se le imponen:

«Las formas de la belleza se manifiestan de forma natural en el camino de quienes desean culminar su propia obra.»

(*Walden*)

Su estancia en el bosque lo convierte en un artesano-yogui de la belleza y sin duda es en el mismo yoga donde sobresale. En la tradición india, de hecho, el arte es una vía de realización completa: el arte es un yoga y el yoga es un arte. Vasugupta, maestro del shivaísmo de Cachemira en el siglo IX, escribe: «El asombro [caracteriza] los grados del yoga» (*Shivasūtra*, I.12). Y en un Tantra fundador de la misma escuela leemos:

«Si un hombre sensible o un yogui se funden con la alegría incomparable de gozar de cánticos y otros placeres sensoriales es porque ya no es más que esa alegría; una vez se estabiliza su pensamiento, se identifica completamente con ella.»

(*Vijñāna Bhairava*, V.73)

Al vivir en Walden, la existencia de Thoreau se convierte en un ejercicio de admiración. Tanto de día como de noche, durante todas las estaciones, toma la medida de una belleza siempre nueva. «El fenómeno llamado belleza se ha vuelto visible» (*Diario*). El 18 de enero de 1859 escribe en su *Diario*: «La maravillosa obra de la escarcha del 13 y del 14 era demasiado rara como para pasarla por alto». Lo emociona la perseverancia —la ecuanimidad— de la vida de las plantas:

«En invierno me detengo en el sendero para admirar la forma en que los árboles brotan sin premeditación, sin prestar atención al tiempo ni a las circunstancias [...]. [Los brotes] expresan una confianza desnuda [...]. La naturaleza es mítica y mística, siempre.»

(*La mañana interior*)

¿Es innata esta sensibilidad a la belleza? ¿Es verdad que cualquiera puede experimentarla en presencia, por ejemplo, de «esta maravilla [un olmo] [...] tan común y banal como el aire mismo» (*La mañana interior*)? Thoreau se hace esta pregunta y responde, sin dudar: sí, no depende de la cultura, sino que se basa en la conexión precedente que vincula a todos los seres vivos con la naturaleza. Al mismo tiempo, en *Caminar* deplora el hecho de que «pocos sienten una atracción intensa por la naturaleza [...] Su relación con la naturaleza no suele ser bella».

El despertar a la belleza es una cuestión de disciplina interior, una práctica del cuerpo, de la respiración y del alma que exige rigor y pasión. Convertirse en el instrumento puro de la vida requiere una cualidad especial, la más natural que hay: estar «dotado de corazón» (*sahridaya*). Para los pensadores indios, eso implica la disposición interior que favorece la vibración del corazón-conciencia. Esta aptitud confiere, a la vez, la sensibilidad a la belleza y la creatividad espontánea. Nuestro yogui del bosque, sin duda, era un *sahridaya* que un siglo y medio más tarde nos sigue haciendo sentir la emoción vibrante que impregna sus mil y

un asombros maravillados. Se encontraba despojado por naturaleza de todos los impedimentos que, según la teoría india, entorpecen el auge interior, *ullāsa*, que gobierna el asombro. De acuerdo con su naturaleza, se lanza a la vida de cabeza: estoy segura de que bailaba entre sus mazorcas de maíz y sus judías o en un claro repleto de cantos de aves tras la lluvia. En lo que respecta a los obstáculos cuya presencia es universal, Abhinavagupta también los enumera: la seducción del beneficio material, ausencia de claridad interior, fascinación por los objetos, identificación personal excesiva, etc. De todos ellos, el sentido excesivo del yo es el más pernicioso, pues ni la serenidad ni el asombro pueden surgir sin una cierta transparencia interior. De forma intuitiva, Thoreau expresa una visión análoga en *Caminar*:

«Me parece que podríamos elevarnos un poco más. Podríamos al menos encaramarnos a un árbol [...] descubrí nuevas montañas en el horizonte que no habíamos visto antes, una parte aún mayor de la tierra y los cielos.»

Renunciar a la propia libertad y a la capacidad de maravillarse, ¡qué cosa más triste! El filósofo cachemiro también clama contra esta tendencia:

«La inercia no es nada más que una ausencia total de asombro. En lo que respecta al estado de aquellos dotados de un corazón sensible, se trata de una inmersión en un asombro vibrante donde la energía entra en efervescencia.»

(Abhinavagupta, *Parātrimshikāvivarana*)

Además, en los «Versículos sobre la vibración» (*Spandasamdoha*), Kshermarāja (s. XI) llama *glāni* (negligencia, indolencia) a esta fuerza insidiosa. Es «la Devoradora», roba las energías del conocimiento tan pronto como se adueña del cuerpo individual. En los orígenes de la tradición hindú, el ritual y el arte se consideran antídotos a esta tendencia anquilosante que anestesia la sensibilidad. El asombro bebe de ambos. Para Abhinavagupta y los maestros de su misma tradición, la eclosión del asombro, en los orígenes del placer estético (y de la experiencia espiritual o mística) no depende de un objeto exterior, sino que se basa en el *sahridaya*, «el que siente con el corazón». Llamamos yogui a Thoreau porque se ha librado de su carga y, por lo tanto, la experiencia de la belleza logra hacerle experimentar lo universal, como nos recuerda Abhinavagupta:

> «Solo aquellos en quienes el espejo de la mente ha sido purificado por la práctica continua de la poesía, y en quienes se ha desarrollado la facultad de identificarse con los objetos descritos, alcanzan lo universal.»
>
> (*Dhvanyālokalocana*)

¡El estudio, los libros, la escritura! Es el pan de cada día para Thoreau. Este yoga del conocimiento contribuyó a hacer de él un *sahridaya*:

> «Vale la pena el gasto de días de juventud y horas valiosas para aprender ni que sea algunas palabras de una lengua antigua, sacadas de la banalidad del lenguaje de la calle para convertirse en sugestión y provocación perpetua.»
>
> (*Walden*)

> «Al acumular posesiones para uno mismo o para la prosperidad, al fundar una familia o un estado [...] no somos más que mortales. Pero al tratar con la verdad somos inmortales.»
>
> (*Walden*)

Imposible expresar mejor la afinidad de Thoreau con estos sabios antiguos a los que se siente tan cercano. Cree en su fuero interno que no hay una distancia real que lo separe de ellos y que, en el dominio espiritual, tiempo y espacio no existen. Nos ofrece a la vez una forma de expresar sus reservas acerca de la creencia generalizada de que la verdad es algo lejano y una declaración de confianza en la parte más noble de la realidad que todos llevamos dentro:

> «Los hombres consideran la verdad como algo remoto, en los confines del sistema solar, más allá de la más lejana estrella [...], pero es el aquí y el ahora. El mismo Dios se realiza en el instante presente. [...]

Somos capaces de aprehender todo lo noble y sublime solo mediante el contacto y la inmersión perpetua en la realidad que nos rodea.»

(*Walden*)

Para Thoreau, lo divino, Dios, en el sentido más amplio, hace referencia a la dimensión cósmica, universal. «Amo a Brahma, Hari, Buda y al Gran Espíritu tanto como a Dios», escribe en su *Diario*.

En el shivaísmo de Cachemira y otras corrientes del Tantra el asombro se usa como una técnica para el despertar. Como un relámpago de energía y de conciencia, desmonta el ego, dispersa sus muchas corazas. Al disipar el anquilosamiento mental, favorece el descubrimiento repentino de la realidad. Experimentado por Thoreau tantas veces, este escalofrío maravillado supone un regreso a las fuentes, un contacto con el «firmamento interior» (*Vijñāna Bhairava*). En numerosos textos tántricos encontramos una alquimia de búsqueda espiritual y experiencia del arte. En su máxima expresión, puede convertirse en el germen del despertar: los sonidos melodiosos salidos de la *vīnā*, de la flauta o de un cántico hacen vibrar la conciencia de forma armoniosa y la libera, momentáneamente, del control de la mente.

Para Abhinavagupta, los sonidos desempeñan también un papel esencial:

«Sonidos hermosos, tactos y sabores agradables se presentan como una forma de desplegar la energía divina cuya unidad y gozo experimentamos. Mediante el flujo de energía apacible que experimentan de repente, se produce una expansión de la conciencia entre los seres cuyo pensamiento alcanza un recogimiento intenso.»

(Abhinavagupta, *Tantrāloka*, III.229)

Para los maestros cachemiros, este yoga está relacionado con «la eclosión del corazón», que significa la expansión del sentimiento del «soy» (*aham*) que Thoreau expresa con frecuencia en los apuntes sobre sus paseos. Esta es una experiencia determinada, puesto que conduce a una percepción unitaria de la Realidad. La vibración cósmica sustenta a la vez la Vida del universo, la de la conciencia, de la respiración, de la

materia, hasta la de las briznas de hierba. «Es la cosa de entre todas las cosas que hay que desvelar», para Abhinavagupta. Entre las divinidades hindúes apreciadas por Thoreau, Shiva es «conciencia pura que se asombra ante sí misma». La dinámica que transforma la mentalidad del yogui es la misma, y la felicidad que experimenta no es más que «una gota en el océano de la felicidad del Brahmán».

Este tipo de perspectivas sobre la experiencia estética son poco conocidas en Occidente, aunque hay estudios profundos publicados acerca del tema. Siempre resulta estimulante descubrir correspondencias entre culturas alejadas por el tiempo y el espacio. Nos corresponde a nosotros, hoy en día, rendir homenaje a su perspicacia, prueba de la agudeza de su alma. Sin tener que seguir todos sus conceptos, podemos servirnos de ellos como una cerilla para prender una nueva hoguera, si hace falta. ¿Cómo permanecer insensible a esta bendición india que nos habla de nuestra experiencia profunda? Para Thoreau, las teorías sobre el asombro aún no eran accesibles. Pero, como hemos visto, sí había leído la obra maestra poética de Kālīdāsa, *Shakuntalā*, escrita en sánscrito.

Esta lengua, considerada la más antigua de las lenguas indoeuropeas, contiene muchas sorpresas que hubieran fascinado a nuestro yogui del bosque. Para hablar del asombro posee dos términos: *camatkāra* y *vismaya*. El primero deriva de la onomatopeya *camat*, seguida de *kāra*, y significa 'exclamar «*camat*»', expresar sorpresa. El segundo viene de *smaya*, 'la sonrisa', con el prefijo *vi-*, que hace referencia a una sonrisa inescrutable, como las de Buda, de algunas representaciones de Shiva o de otras divinidades. Podemos imaginar a Thoreau, suspendido por un tiempo, contemplando con una sonrisa de fascinación la luz creciente y menguante del día:

> «Era mañana y de pronto se hizo de noche sin haber hecho nada memorable. En lugar de cantar como las aves, sonreía en silencio ante mi buena fortuna inagotable.»
>
> (*Walden*)

Camatkāra, *vismaya*, designan el asombro repentino experimentado ante la contemplación de una obra. Como filósofo tántrico, Abhinavagupta analiza esta experiencia espontánea como una repentina expansión de la conciencia, suscitada por un aliento, libre, y seguida por un silencio apacible. A sus ojos, es el mismo fenómeno que se produce en la experiencia mística, aunque si bien en el caso del arte es efímero, es una expansión que permanece consciente y sostenida en el caso de los practicantes del yoga. La virtud esencial del asombro consiste, pues, en «abrir» y unificar la conciencia sin esfuerzo. Cuando se profundiza y se prolonga, lleva al embeleso que solo puede experimentar un alma que no se encuentra bloqueada por el ego. Es lo único que permite acceder a la serenidad profunda y, de ahí, al conocimiento de uno mismo.

Nuestro yogui del bosque no se contentaba con vivir en una dulce ensoñación, sino que vibra con «la novedad fresca del momento presente» (*Walden*). Esta presencia se corresponde con lo que afirma Abhinavagupta acerca del asombro sutil: «Es algo que vibra, que aflora en mi conciencia». Según las palabras del filósofo, esta expansión repentina de la conciencia implica libertad, un silencio tranquilo, una plenitud que unifica al ser sin esfuerzo. Por eso en el Tantra los yoguis y las yoguinis cultivan situaciones de euforia con el objetivo de despertar, que no tienen el placer como prioridad. Se puede profundizar en el *vismaya*, se puede prolongar y llegar así al embeleso, incluso a la unión con la esencia universal, un absoluto del yoga. Un estado de conciencia tal puede entonces impregnar la vida cotidiana, lo que representa, en el shivaísmo de Cachemira, la plenitud de la realización.

> «El yogui realizado, profundamente absorto, ve todos los fenómenos que surgen desde el fondo de su conciencia, incluso en las circunstancias más ordinarias. Sabe que, como las nubes otoñales, aparecen y desaparecen en la bóveda celeste. Sin descanso, se zambulle hasta el fondo de sí mismo y así se da cuenta de que es uno con la Conciencia.»
>
> (*Pratyabhijñā-hridayam*, V.19)

Sin necesidad de dar un rodeo por la Cachemira medieval, ¿hubiéramos sido capaces de imaginar que el hecho de asombrarnos ante tales cosas nos conduciría hasta el «soy» y suspendería el control del «yo» al menos por unos instantes? La historia de las ideas tiene grandes virtudes, tanto en el plano del conocimiento como en el de la experiencia, pues pone de manifiesto las intuiciones a las que damos poca o ninguna importancia.

La presencia en uno mismo, sin artificios, el «soy» (*aham*), no tiene nada de narcicismo, sino todo lo contrario; permite alcanzar el «soy» universal. Los maestros emplean a veces un juego de palabras para explicar mejor su impacto. En el asombro, el «soy» se vuelve hacia la fuente, hacia el centro original. Este retorno se ilustra mediante la transformación de *AHAM* en *MAHA*, un término que significa 'grande' en referencia al «asombro». Es decir, el asombro renueva el contacto con el «soy» y, si se vive de forma consciente y amplificada, conduce al «gran asombro». ¿Acaso podemos ver una alusión a ese retorno a uno mismo en la transformación de David Henry en Henry David? No sabemos si nuestro yogui del bosque estaba familiarizado con este despertar, así que ¿por qué no? Está al alcance de todos los seres humanos y quién sabe si también de otros seres... Lo que es seguro es que sus amigos nativos estadounidenses cultivaban, igual que él, esta apertura del cascarón humano en el caso del asombro ante un paisaje magnífico:

> «Cada vez que a lo largo de su caza cotidiana el piel roja se encuentra ante una escena sublime o un estallido de belleza, como una nube negra cargada de truenos con la curva resplandeciente de un arcoíris sobre una montaña, una cascada blanca en el corazón de una garganta verde [...]. Se detiene un instante en posición de adoración.»
>
> *(Pieds nus sur la terre sacrée)*

¿Cuántas veces se detendría también nuestro yogui del bosque con los brazos abiertos, sin aliento ante la belleza de un árbol o por la melodía de un pájaro, para percibir mejor el aire y el viento sobre la piel desnuda? ¿O quizá se tumbaría a los pies de un árbol para admirar a una pareja de ardillas rojas que correteaban de rama en rama? ¿Yacería sobre la hierba florida de una pradera una noche sin luna esperando ver estrellas fugaces? ¿Cuál es la mejor postura de adoración espontánea? Sentado, de pie, tumbado, cerca de un riachuelo o en una habitación a oscuras. ¡Da igual! Este rito secreto tiene lugar en el espacio de nuestra alma. Adorar significa dirigirse a, hablar, rezar (*ad-orare*), establecer una conexión con la realidad en el momento presente. Y precisamente asombrarse, incluso sin un objeto de admiración, es, según los yoguis, la forma de conectarse con el presente con total plenitud. Eso es lo que tanto nos falta en general, debido a la presión a la que estamos sometidos, enfermos de tiempo, privados de espacio interior. ¿En qué época vivimos, a qué pulsión nos acompasamos? Nuestro yogui del bosque tomó una decisión deliberada: establecer su morada en el presente.

> «A cualquier hora del día o de la noche, anhelo mejorar el momento presente, poder guardarlo como una muesca en mi bastón.»

> (*Walden*)

En el yoga, igual que en el ayurveda, para evocar este estado de presencia pura, fluida, serena, conectada con la realidad, hablamos de flujo continuo, asociado a un estado límpido, radiante y apacible. El *sattva* es una de las tres cualidades universales, junto con *tamas* (obscuridad, pesadez, confusión), relativo a la tierra y *rajas* (estallido luminoso, aliento hacia las alturas, pasión), relativo al fuego. En un clima de *sattva*, en un estado de disponibilidad, surge la serendipia, la felicidad inesperada de encontrar lo que no buscábamos, sea uno matemático, labrador o agrimensor, como Thoreau. Esta aptitud permite liberarse de las ideas comunes, de hacer sitio a una mirada distinta. ¡Thoreau estaba muy atento y se mostraba muy crítico hacia su tendencia natural a la rutina! Sabía que el asombro es su antídoto. El misterio sabe a algo siempre nuevo, tanto en la tierra como en el cosmos. A Thoreau lo entusiasmó el descubrimiento de la galaxia de Andrómeda, e intentaba discernir los matices de los colores que la constituían: «un encantador y cálido tono rojo al que llamaré indio» (*Diario*).

El entusiasmo es un motor inagotable. En sánscrito, el término *UN* posee a la vez el sentido de 'alabar' (como en la adoración) y de 'ponerse en movimiento' (virtud vivificante del asombro). Asombrarse suscita también un incremento de energía vital que en el ayurveda se conoce como *ojas*. Situado en la cabeza, puesto que es, ante todo, de orden espiritual, se intensifica cultivando la sobriedad en todas las cosas, especialmente la sublimación sexual. Esta energía profunda se ejerce en todos los ámbitos: físico, mental, espiritual. Es evidente que nuestro yogui del bosque debió conservarla a lo largo de su evolución en contacto con las fuentes vivas de la naturaleza, e incrementarla mediante sus disposiciones intelectuales y espirituales. Sus confesiones acerca de su estado interior así lo dan a entender. Experimenta, dice en *Caminar*, un clima interno «alegre y sereno [...], un aire de los que alimenta el alma y la inspira», que incita a ser «más imaginativos, que nuestros pensamientos serán más claros, más frescos [...]. Nuestro corazón incluso se corresponderá en amplitud y profundidad y grandeza a nuestros mares interiores». Un corazón atento, explica Abhinavagupta, permite estar verdaderamente presente en todo lo que se hace, en lo que se piensa o se percibe. Y añade que eso no es todo; también es esencial ser consciente de ello:

> «Cuando un paladar refinado prueba un sabor dulce, no se comporta como un glotón; sabe lo que está saboreando.»
>
> (*Comentario de Abhinavagupta en su glosa de* «*El reconocimiento del señor*», introducción a I.5)

Creo que Thoreau, tras su voto de sencillez, de unidad y de belleza se convirtió en un *gourmet* de la vida. Pero también, sobre todo, en un explorador de «[sus] propias latitudes» (*Walden*).

Cada uno de nosotros completa, en función de su naturaleza, el viaje de la vida para descubrir distintos horizontes. Thoreau, por su parte, vivió con asombro a la medida de sus sueños. Como yogui lector de textos de la antigua India sabía que los viajes más maravillosos suceden en el interior. En la «Conclusión» de *Walden*, exclama:

> «Sé un Cristóbal Colón de nuevos continentes y mundos en tu interior, abre nuevos caminos, no de comercio, sino de pensamiento. [...] Hay que explorar el mar privado [...] de la soledad.»

Thoreau explora sin cesar, incluso enfermo y débil, los anchos mares de la existencia. Maneja su barca de acuerdo con su *svadharma* a través del arte de la escritura, pero también de la palabra cuando lo mueven causas fundamentales como la lucha contra la esclavitud, el maltrato de los nativos estadounidenses o la tala de árboles. Como las aves en el suelo, dejó rastros inolvidables que reflejan sus revoluciones, sus asombros, sus alegrías.

3. Mirada

Rodeado de la fauna y la flora libres, aún inalteradas por la «civilización», Thoreau destaca en el arte de la mirada, de la escucha, del tacto. Se deja tocar por impresiones sensoriales de todo tipo mientras nada, trabaja la tierra, camina descalzo o escucha la nieve crujir bajo sus pasos. A través de sus palabras, tenemos la impresión de (re)nacer a la vida. Todos estos relatos podrían parecer anecdóticos y carentes de interés si no los contara una personalidad apasionada, con tanta poesía como sabiduría. Su intensa necesidad de comprender lo que siente y cómo lo siente dio lugar a escritos profundamente humanos que resuenan a menudo con nuestra propia experiencia. Gracias a su precisión extremada e íntima, alcanzan una dimensión universal que nos permite caminar junto a él.

Sentémonos a su lado para descubrir algo más acerca de nuestro modo de vida. ¿Cómo miramos al mundo? ¿Y a nosotros mismos? ¿Qué escucha ofrecemos a los demás, extrañas formas de vida, para que nunca más nos sean extraños? Los sabios orientales tenían un secreto para vivir con plenitud: ser consciente, alegremente consciente de uno mismo y del mundo, cosa que implica lucidez y sensatez, a veces inquietud. Pero nunca se entregaron a la desesperación; su acción es su esperanza. Es el caso de Thoreau y el de todos a quienes inspiró: Gandhi, Tolstói, Martin Luther King, Vandana Shiva. En el vocabulario del yoga encontramos varias expresiones para referirse a esta forma de entrar en resonancia, de armonizar con un amor nada egoísta, desinteresado, por lo que es, por los seres, por la naturaleza, por las cosas. Asombro, contemplación, concentración profunda. Thoreau sin duda tomó nota de todas estas cosas en sus cuadernos, pues le encantaba copiar largos fragmentos de textos hindúes. Ya hemos hablado del asombro, veamos ahora la contemplación, considerada el umbral del despertar. ¿En qué se diferencian estas dos experiencias?

Mientras que el asombro se produce en el destello de un instante, la contemplación es una oleada de conciencia que se extiende y crece a lo largo del tiempo. Para ello es preciso ejercitar la mirada interior y la atención, lo que supone uno de los grados esenciales del yoga. En el *Yogasūtra* de Patañjali, los tres grados superiores se agrupan bajo el nombre de *samyama* «dominio total»: son la concentración (*dhāranā*), la contemplación o recogimiento (*dhyāna*), la perfecta absorción (*samādhi*).

Esta gradación puede parecer difícil de captar, pero es mucho más fácil cuando se parte de la experiencia. En *dhāranā* es preciso un esfuerzo para poner (*DHRi*) la atención sobre un objeto, una llama, un sonido; la concentración suele verse interrumpida por distracciones y a menudo se la compara con una sucesión de gotas de agua. En *dhyāna*, uno se sitúa (*DHYĀ*) en sí mismo con más detenimiento y se mantiene un cierto esfuerzo en la atención, de una forma casi ininterrumpida. El sustantivo *DHYĀ* viene de la raíz etimológica *DHĪ/DHYĀ* ('pensar') y se vincula con *DHĀ* ('situar'). Se refiere al movimiento de recogimiento interior, continuo, como una corriente apacible. Situarse en el centro con confianza, con estabilidad y serenidad. A eso se lo llama contemplación, tradicionalmente representada como un chorro de agua continuo. En lo que respecta a la absorción completa (*sam-ā-dhi*), la conciencia se establece (*dhi*) de una forma perfecta, total (*sam-*) en el centro, en el origen (*-ā*). Llegados a este punto, se alcanza la contemplación, el arte de la atención. Es difícil saber si Thoreau alcanzó este grado, pero eso poco importa. Con una intención inquebrantable, abrió su camino y señaló nuevas direcciones para los yoguis de los siglos venideros.

La contemplación y el arte de ver y oír

Para Thoreau, el arte de la mirada es «adentrarse en la esencia de las cosas» (*Walden*), contemplar espacios inexplorados. La libertad tiene un papel clave, puesto que este aumento de conciencia y de energía permite simultáneamente, a nivel interno, «presenciar el rebasamiento de los propios límites» (*Walden*). Nuestro yogui del bosque nos cuenta lo más insignificante, los momentos anodinos, las pequeñas cosas, las situaciones cotidianas. Y nos deja un sabor de boca singular. Todos los seres le hablan: ratones, ardillas, patos, mirlos, perdices, nutrias, ríos, árboles, porque él les da la palabra. Ver, oír, imaginar, como un niño curioso por todo, es el arte maravilloso de Thoreau. En su contemplación, capta hasta el menor detalle de la naturaleza:

«Me sorprende siempre su belleza excepcional, como de peces fabulosos [...]. No son verdes como los pinos, ni grises como las piedras, ni azules como el cielo [...]. Tiene colores aún más raros, como las flores y las piedras preciosas [...] como si fueran los cristales de las aguas de Walden [...]. ¡El mismo Walden!»

(*Walden*)

De la misma manera, le gusta pararse a estudiar los sonidos de la naturaleza, amplificados por la presencia de la noche. Dice de una lechuza:

«Los sonidos en las noches de invierno [...] [parecen] notas desoladas pero melodiosas.»

(*Walden*)

Oye «los silbidos del hielo en el estanque [...], los zorros que corren sobre la corteza nevada por la noche bajo la luz de la luna [...], las ardillas que corretean por el tejado, carboneros con un piar muy animado, o lo que solía ser más raro, en días de primavera, unos briosos aires muy veraniegos».

(*Walden*)

El yogui del bosque experimenta estas escenas como tantos otros descubrimientos venideros: «Cuando el hielo se recubre de nieve, no imagino ni por asomo qué tesoros habrá bajo mis pies» (*La mañana interior*).

Lo que permite ver el tesoro que tenemos delante, pero hemos olvidado, es el arte de la mirada, de la contemplación, como reconoce Thoreau ante una joven perdiz:

«La expresión peculiar, adulta pero inocente en sus ojos abiertos y serenos es de lo más memorable. [...] Parecen reflejar toda la inteligencia. No solo sugieren la pureza de la infancia, sino una sabiduría desvelada por la experiencia. Un ojo como este no nació al mismo tiempo que el pájaro, sino que es contemporáneo del cielo que refleja.»

(*Walden*)

Thoreau relaciona su ideal con la transparencia de la mirada. No se trata de una mirada-espejo, sino de una visión impregnada de una sabiduría innata que permite una presencia consciente, atenta, que no arrastra la carga del yo:

«De pie sobre la tierra desnuda, con la cabeza sumergida en el aire gozoso y alzada hacia el espacio infinito, desaparece todo egoísmo mezquino. Me convierto en una endrina transparente: nada soy; todo veo, las corrientes del ser universal circulan en mi interior. Soy una parte o una partícula de Dios.»

(Walden)

Esta forma de ser, atenta al mundo, equivale a mantener un diálogo constante con los seres que habitan en él, ya sean plantas, animales o paisajes. A su manera, todos parecen dotados de una forma de conciencia y de energía original. Así pueden establecer conexiones vivas entre ellos y con los seres humanos abiertos a esa realidad. Y, por lo tanto, son dignos de respeto.

Indian Notebooks: contemplar la naturaleza

Igual que las tribus nórdicas que conservaron un vínculo intacto con la naturaleza, las tribus que Thoreau encontró o estudió gracias a testimonios viven en su vida cotidiana una armonía en la que la contemplación es de lo más natural. Y esta alimenta a la acción, no está disociada de ella. Veremos cómo reaparece esta confluencia en determinadas corrientes de la India antigua en las que contemplación y acción son una misma cosa.

Si Thoreau se implicó tanto en la investigación sobre los indios, fue porque creía que su modo de vida y sus creencias estaban en armonía con la naturaleza. Su testimonio, su experiencia vital, al igual que la de los primeros pueblos aún existentes, sigue siendo una fuente incomparable de sabiduría para nuestras sociedades contemporáneas, que han perdido, olvidado, esta conexión vital con la naturaleza y el espíritu. Thoreau se zambulle en múltiples lecturas como la de *History of the Colony of Massachusetts Bay* [«Historia de la colonia de la bahía de Massachusetts»] editada por Hutchinson, de la que encontramos numerosos extractos tanto en sus *Indian Notebooks* como en su *Diario*. Acerca de los dioses múltiples de los nativos estadounidenses, se muestra cautivado por el panteísmo, que estima propicio para el asombro y la contemplación:

«Si quien hace crecer dos briznas de hierba donde antes había solo una es un benefactor, quien descubra dos dioses donde antes solo se conocía uno (¡y qué uno!) es un benefactor incluso mayor. Yo quisiera multiplicar las ocasiones de maravillarme y adorar, como un girasol da la bienvenida a la luz. Cuantos más objetos emocionantes, maravillosos y divinos contemplo a lo largo de un día, más me expando y más inmortal me vuelvo. Si una piedra me llama y me eleva [...], me causa un regocijo íntimo.»

(Diario, IX)

Esta disposición interior a la adoración, a la contemplación de la belleza de los elementos nos recuerda a la del Veda, tan apreciado en la India. Hay más resonancias rituales sorprendentes relativas al agua, al sol naciente y al homenaje cotidiano:

«En la vida del indio no hay sino un deber verdadero, el de la plegaria, el reconocimiento cotidiano de lo invisible y lo eterno. Sus devociones cotidianas son para él más necesarias que el yantar de cada día. Se levanta al alba, se calza los mocasines y baja al río. Se salpica con agua fría o se zambulle entero. Después del baño, se pone frente al amanecer que avanza, de cara al sol que baila en el horizonte, y ofrece su plegaria silenciosa [...] el sol de la mañana, la dulce tierra nueva y el gran silencio, cada alma debe salirle al encuentro en soledad.»

(Pies desnudos sobre la tierra sagrada, Ohiyesa, Santee Dakota)

Thoreau se siente cercano a esta sensibilidad, dispuesto a venerar el viento, la noche, el fuego, no por ellos mismos, sino por la belleza que irradian, por el poder cósmico que encarnan. En la India antigua, igualmente, *deva-devī* (dios-diosa) indica una energía divina, un poder cósmico y no un dios en el sentido monoteísta. En los *Indian Notebooks* deja traslucir su admiración cómplice por tal fervor:

«Tenían dioses al este, al oeste, al norte y al sur. Había un dios que velaba por el maíz, otro por las judías, otro por las calabazas, los calabacines, etcétera. Tenían un dios que velaba por los *wigwams*,

otro por el fuego, otro por el mar, otro del viento, otro del día y otro de la noche, y había cuatro dioses para las cuatro partes del año, etcétera. Pero también había un gran Dios y un gran malvado.»

(Indian Notebook)

El sentimiento religioso se expresa con sencillez e ingenuidad, pero ¡qué poesía en el imaginario de Passaconaway, el «Anciano» (*sachem*) del pueblo de los Pennacooks, ¡cuyo nombre significa 'hijo del oso'! Fue un gran jefe, un arquero sin parangón y se dice que vivió ciento veinte años (¿1520-1640?). Hoy en día sigue siendo una de las figuras más respetadas entre los nativos estadounidenses, puesto que llevó a cabo numerosas negociaciones con las colonias de Plymouth y de Massachusetts. Thoreau relata así sus observaciones:

«Dios era Ketan, que daba al hombre el buen tiempo. Los *pow-wows* curaban las enfermedades; Passaconaway les hizo creer que podía hacer arder el agua, mover las rocas y bailar a los árboles y convertirse en un hombre en llamas; que en invierno podía hacer brotar una hoja verde de las cenizas de una moribunda y sacar una serpiente viva de la piel de una muerta.»

(Indian Notebooks)

Este vínculo íntimo con el reino vegetal y animal daba también sus frutos en el ámbito terapéutico. Bien sabemos la riqueza que poseían los pueblos originarios a este respecto.

«Hacen un uso considerable de árboles como el roble blanco y el negro, el castaño blanco del que hacen pastillas, el cerezo, el cornejo, el arce, el abedul y varios otros. Su modo de preparar y mezclar estas medicinas sigue siendo un gran secreto.»

(Indian Notebooks)

La conexión íntima con los elementos, los árboles, los animales, solo puede llevarse a cabo cuando uno está conectado consigo mismo. Es una única energía creativa la que se encuentra en el origen, un único aliento el que da vida a todos los seres y sustenta la armonía mineral de los océanos y las montañas. Al contemplar este espectáculo, el yogui, aquel que sabe armonizar con lo que es, entra en contacto con su propia naturaleza. La belleza indescriptible de las cosas le llega al corazón. Hay un poeta que logró comprender este misterio: René Daumal, versado en las teorías indias sobre el arte. Se interesa especialmente por las observaciones de Bhārata, fundador mítico del teatro, sobre el valor estético de una obra, sobre la esencia de la verdad. La infinita variedad de cosas y de seres converge hacia la unidad original, el principio llamado *Brahman*, y el objetivo del arte consiste en restituir esta unidad. El arte es a la vez una vía de conocimiento y una experiencia de «saborear», pues permite gozar de distintos sabores. La belleza no se erige como principio fundamental, sino que es un ingrediente que abre los ojos del alma y nos despierta a través de un objeto intermediario (un actor, la Naturaleza, la imaginación). La fórmula feliz de Daumal resume estos distintos aspectos: «Lo bello es la potencia conmovedora de lo verdadero» (*Bhârata, l'origine du théâtre* [«*Bhārata*, el origen del teatro»].

El yoga de la contemplación

¡Tras esta palabra majestuosa se oculta un acto simple! No hay nada más natural que poner la mirada o el oído en una percepción y luego distanciarse, expandirse hasta el infinito. Contemplar una nube, escuchar el oleaje o centrarse en los movimientos de la respiración, dejar que palabra y pensamiento se disuelvan, como plantea Rimbaud: «Las tardes azules de verano [...]. / No hablaré, no pensaré en nada / Pero el amor infinito se me subirá al alma» (Sensación)». Esta plenitud de silencio es una señal, perfectamente natural, para no descuidar nuestra experiencia, puesto que forma un umbral hacia otros estados de conciencia más profundos y amplios, que son los que se persiguen con el verdadero yoga y los caminos interiores. El tiempo desaparece, predomina la calma, aparece otra luminosidad sin ningún esfuerzo. La contemplación, al contrario de la actividad, también supone un regreso a la simplicidad y a la unidad de la vida que saboreamos en el instante. Nuestro yogui del bosque evoca esta plenitud del ser que parece hacerse uno con la realidad que lo rodea:

«A veces, en las mañanas de verano, después de tomar un baño como de costumbre, me sentaba en la puerta soleada desde el amanecer hasta el mediodía, absorto en una ensoñación entre los pinos y los nogales y los zumaques, en una soledad y quietud imperturbables mientras que los pájaros cantaban por ahí o revoloteaban sin hacer ruido a mi alrededor [...] Durante esas estaciones crecía como el maíz por la noche. [...] Comprendí lo que los orientales entienden por contemplación.»

(*Walden*)

Tal resonancia con la naturaleza no solo tiene un efecto calmante, sino también beneficioso. Como han demostrado numerosos estudios, la calma regeneradora que se experimenta al contacto con la naturaleza posee una energía curativa porque preserva la armonía sellada en el corazón de cada célula y alimenta nuestra vitalidad. Es importantísimo reconocer y abrirse a la necesidad de reconectar, de zambullirse en la naturaleza salvaje, en un bosque de verdad, en un río solitario, en un cielo estrellado. A cada página, gracias a su arte para la escritura, Thoreau despierta en nosotros esta aspiración y nos incita a reencontrarnos con nosotros mismos a través de la presencia conmovedora llena de una belleza sin artificio que es la naturaleza salvaje. Para recuperar el conocimiento de un aquí y ahora vivos, las prácticas como el yoga, el tai chi chuan, el chi kung o un paseo por el bosque son recursos ideales. En lo que respecta al yogui del bosque, se receta zambullirse en los lugares más frondosos e inaccesibles para recargarse:

«Cuando deseo recrearme, busco el bosque más oscuro, el pantano más frondoso e interminable y, para los ciudadanos, el más atroz. [...] Lo que salva una ciudad no son los hombres justos que habitan en ella, sino los bosques y pantanos que la rodean.»

(*Caminar*)

Por otro lado, nos queda el poder de la imaginación, la creatividad de la conciencia. Esta energía innata, que en Occidente tenemos demasiado olvidada, fue ampliamente explorada y ejercida en las escuelas indias de yoga, tanto hindúes como budistas. La contemplación creadora, *bhāvanā*, es su expresión más completa y consiste en recrear en el espacio de la conciencia un paisaje con tal nivel de detalle que las sensaciones sean tan reales como si se estuviera en plena naturaleza. La palabra sánscrita *bhāvanā* dignifica literalmente «hacer existir» y deriva de la raíz etimológica *BHŪ bhavati*: 'ser, convertirse, existir'. Se ha convertido en una palabra clave en los textos cachemiros para referirse al poder creativo del pensamiento, la capacidad de dirigir, desde la contemplación, los flujos de conciencia. En un momento de impulso total del ser, como una circunstancia vital, el yogui o la yoguini consigue suscitar la presencia divina, evocar el cosmos, hacer resonar un mantra en su interior. La visualización encuentra su equivalente en el plano sonoro o táctil. En esta práctica, todo el ser vibra: sensibilidad, corazón e intelecto participan en este acto de imaginación intensa que los autores cachemiros comparaban con el poder travieso, creativo, de la Energía cósmica (*māyā-shakti*). En el arte, igual que en la naturaleza, todo sucede como si quien mira colaborara con la obra o con el paisaje, en la medida en la que la «recrea» en su interior. La naturaleza parece una obra que se reinicia incansablemente, dotada de una energía preestablecida. Para nuestro yogui del bosque, «la Naturaleza es un arte mayor y absolutamente perfecto» (*Una semana en los ríos Concord y Merrimack*).

Si la palabra *bhāvanā* y su teoría aún no nos son familiares a pesar de haber viajado desde la India para llegar hasta nosotros y estar integrada en determinadas técnicas psicosensoriales, la experiencia, sin duda, nos es familiar. Basta con recordar el imaginario desbordante de la infancia, un impulso de imaginación que ha interesado a muchos practicantes de yoga, pues es natural, universal, siempre que se estimule y se lo saque de su hibernación. Mientras que en los grados del yoga clásico se requieren esfuerzos para unificar la mirada o la escucha, el Tantra propone partir de la energía original que nace espontáneamente en determinadas ocasiones privilegiadas: asombro, unión amorosa, emoción intensa, etc. ¿No sería que Thoreau, yogui tántrico sin saberlo, buscaba precisamente esos momentos al instalarse en Walden o en adentrarse en el misterio de los bosques?

Para los tántricos, una evocación intensa permite gozar de la conciencia en su aspecto infinito. En el *Vijñāna Bhairava Tantra*, uno de los Tantras shivaítas más antiguos, se presentan prácticas consistentes en imaginar el propio cuerpo como totalmente impregnado de un espacio que disipa toda idea de limitación del cuerpo individual, de separación-cuerpo universo. La conciencia, basada en la sensación de infinidad y de vacío, rompe sus límites y participa de ambos. Entre las formas de hacerlo realidad, la visualización de una luz radiante (*prakāsha*) ocupa un lugar preponderante:

> «Hay que contemplar intensamente el espacio entero, bajo la forma de Bhairava [la conciencia cósmica o Shiva] como si se derritiera dentro del cráneo. [El yogui] podrá entonces ampararse en la Realidad luminosa que tiene la forma de Bhairava.»
>
> (V.85)

Para nuestro yogui del bosque, las sensaciones de sonido y de luz son los dos trampolines hacia la unificación interior. Cuando la incandescencia del recogimiento, de la contemplación, se apodera de todo su ser, que él sitúa «al límite del canto del tordo» (*Caminar*), cuerpo, respiración, alma y naturaleza se vuelven uno. Esta inmediatez de la metamorfosis lleva al ser a una dimensión suprapersonal, puesto que ya no está confinada a lo individual. Ahora se siente parte de la realidad, parte de la interconexión universal y responsable, en la medida de sus posibilidades, de su preservación. Habita el misterio y como artista, escritor, le corresponde trasladar esa emoción a su obra. Le basta con contemplar los frescos de Ajanta para comprenderlos. Lo que ahora son restos de pinturas antiquísimas en la India fueron realizados en el siglo IV por monjes budistas que en un estado de contemplación evocaron escenas maravillosas de la vida cotidiana. Durante siglos, las grutas en las que se encuentran permanecieron a salvo de la luz y sus colores y formas transmiten, incluso hoy en día, una sensación de serenidad y de alegría, el estado de los pintores mientras trabajaba. Gracias a ellos se nos revela lo invisible. Estos aspectos ponen de manifiesto la importancia que se da a la conciencia en el arte. Todo reposa sobre el *bhāvana*, la imaginación o contemplación creadora, porque el primer lugar en la creación de una obra es la conciencia del pintor. Y sucede lo mismo con quien la contempla. Según Abhinavagupta, «lo que se saborea en la experiencia estética es nuestra propia conciencia ahíta de felicidad (*ānanda*)».

Al contrario de lo que se suele pensar, el estado de concentración no implica pasividad ni restricción. Tal como lo entienden los maestros cachemiros, está animado por un impulso tan intenso y total que consigue estabilizar el pensamiento y dirigirlo hacia el interior. En el shivaísmo de Cachemira, este clímax se percibe como un «retorno de la mirada» de fuera hacia dentro, expresado mediante el término *parāvrtti*: 'volver la mirada y el alma hacia dentro, hacia la esencia original'. El monje budista y filósofo Asanga (s. IV-V) asocia incluso el recogimiento con una pasión interior, esencial para alcanzar la unificación:

> «La inmovilidad del cuerpo dentro de la interioridad pura se funde con la atención y la energía, que se ponen al compás de lo universal. El fruto de esta absorción es la felicidad [...]. Que el sabio, habiendo reconocido la absorción a la perfección, se entregue con pasión a ella.»

La aventura prodigiosa de Thoreau se despliega sin duda tanto en el espacio del bosque como en el de su conciencia. Como yogui, busca la sencillez, la unidad. En resonancia con su naturaleza poética, hay otro elemento que se une a estas dos dimensiones de la experiencia que despliega toda su originalidad: la belleza. En su vida cotidiana, el contacto reiterado con la belleza de la naturaleza acelera e intensifica la alquimia interior. Es preciso destacar que en el siglo XIX la noción de la belleza en el arte sigue siendo primordial. Hasta el día de su partida, el 6 de septiembre de 1847, no cesa de prestarse a múltiples experimentos en el laboratorio al aire libre de Walden: relajar sus pensamientos, fortalecer su cuerpo, abrirse al flujo de la vida. Con todas sus energías, desde las más físicas a las más sutiles, se consagra al objetivo último del yoga, la transformación del ser. Podríamos incluso decir que desaprende, pues la contemplación consiste en soltar. Si nos permitiésemos esta osadía, ¿podríamos imaginarnos al yogui del bosque inmerso en una contemplación vibrante? Despojado de pensamientos, se dedica a escuchar los rumores del mundo, pero sin cargas, libre de preocupaciones. Como declara Emerson en su panegírico el 9 de mayo de 1862: «Vivía cada día de forma única, sin dejar el peso y las ataduras del recuerdo» (*Thoreau*).

Y esa libertad interior fue el germen de su inimitable forma poética de vivir.

4. Vivir poéticamente

Somos huéspedes de paso: para nuestro yogui del bosque, esta es una ley grabada en las incesantes metamorfosis de la naturaleza que contempla a diario. La conciencia de lo efímero, su huella visible en todo, solo se compara con su celebración de cada instante. Con la cadencia del tiempo, de la respiración, todo pasa y todo renace. En la India, todo lo que existe aparece como una ola en el seno del *samsāra*, el océano del porvenir. La vida humana, en virtud de su estructura orientada al conocimiento y a la acción, nos ofrece la oportunidad de despertar del sueño colectivo, la *māyā*. ¿Cómo? No separándose de la realidad, no encerrándose en el ego, es decir, viviendo la vida «a fondo», al unísono con el Todo. La India, más que ninguna otra cultura, fue quien mejor expresó el viaje interior hacia lo universal gracias a franquear las fronteras mentales. Convirtiéndonos en un espejo de la realidad cósmica.

Thoreau, apasionado de Homero, de los poetas latinos y de Zoroastro, no tiene ningún problema para zambullirse en la literatura india, donde sabiduría, espiritualidad y poesía son una y la misma cosa, y él la saborea como poeta, artista y, sobre todo, hombre deseoso de vivir la experiencia de la realidad. Las palabras que lee no le son extrañas, y gracias al contacto con ellas se convierte en lo que siempre fue: «un ojo en busca de la verdad» (*Walden*). Y eso es porque su ideal es una vida poética, en el sentido más estricto de creación. Para él vivir poéticamente significa unirse, ser uno con la esencia creadora.

«Que la importancia esté en tu mirada, no en lo que miras» (André Gide, *Los alimentos terrenales*). Esta invitación de André Gide en 1897, treinta años después de la muerte de Thoreau, encaja perfectamente con el reto que este se planteó al partir a Walden: generar una mirada lúcida que fuera también amorosa. El mal de amores no era algo desconocido para él —su causa fue Lucy Brown, la hermana de la esposa de Emerson, la única mujer a la que amó—, pero curar su corazón roto amando más todavía era el único remedio posible. Solo el ser intrépido, capaz de un amor irracional, tiene la entereza de un poeta. En el capítulo XIV de *Walden*, titulado «Habitantes de otro tiempo y visitantes de invierno», Thoreau evoca a su amigo W. Ellery Channing Junior:

«El que vino de lejísimos hasta mi cabaña, atravesando las nieves más profundas y las tormentas más atroces, era un poeta. Un granjero, un cazador, un soldado, un periodista, un filósofo incluso, tal vez se hubieran acobardado, pero a un poeta nada puede disuadirlo, porque actúa movido solo por amor.»

(Walden)

En el gran aliento invisible que anima todo cuanto percibe arde una sola pregunta: ¿cómo vivir? El amanecer le responde a su manera que no hay respuesta, sino que hay una forma de ser, ininterrumpida, un yoga de lo cotidiano que, en las caminatas, los trabajos, los baños, las lecturas, encarna este compromiso: ver, entender, actuar de otra manera. Ante las cosas pequeñas, ante lo que pasa desapercibido, él practica «el arte de la vida [...] ver con los propios ojos» (*Walden*). Thoreau forja su camino vital mediante la poesía del instante y, hasta su último aliento, hasta sus últimas palabras, practicará el arte más sencillo y más difícil que existe: inventar la propia vida.

La poesía del instante

Contra los pensamientos preestablecidos, Thoreau cultiva la voz del corazón, de donde manan la inspiración y la intuición que deben guiar la vida para habitar la tierra poéticamente. Podríamos no ver otra cosa que subjetividad y fantasía en ello, pero eso significaría despreciar el secreto que entraña la conciencia del «soy», distinta a la del «yo», que Kshemarāja, maestro del shivaísmo de Cachemira (siglo XI) revela: «El verdadero yogui no interrumpe jamás la unión con el latido del "soy". Se absorbe sin cesar en su propia naturaleza». Percibe en su centro la resonancia universal que le inspira una forma de vivir de acuerdo con el universo, de situarse en la naturaleza, entre los árboles, entre tierra y cielo, de honrar el ritmo del sol, de la luna y de las estrellas. Abrir la conciencia a esta dimensión, a la presencia viva del cosmos, significa entrar en contacto con la realidad espaciosa, lo Abierto. «Un hombre debe encontrar sus oportunidades en sí mismo» (*Walden*).

Demos ahora un pequeño desvío hacia la India para detenernos en el patio de un escultor, de un intérprete de *vīnā* o de un poeta. ¿Quiénes son estos personajes que han atravesado los siglos? ¿Cuáles eran sus motivaciones, sus disciplinas? Como en la Edad Media en Occidente, en la tradición india el artista-artesano se forma desde la infancia con su padre, su maestro o la comunidad de artesanos de la misma categoría (alfarero, escultor, etc.). Al ajustarse a los cánones fijados en los tratados de *shāstra*, procederá como si se tratara de un rito, sin buscar la originalidad, sino dejando surgir su intuición. Esto recuerda las palabras de un samurái, poeta e intérprete de *koto* (arpa japonesa) que, sobre los cincuenta años, decidió un buen día dejarlo todo para irse a vivir a la montaña. Con algunos pinceles, papel y su *koto* le bastaba para ser feliz. Uragami Gyokudō (1745-1821) siguió la vía que consistía en «pintar discretamente las efusiones de su corazón, saboreando placeres delicados (en la pintura) sin buscar la semejanza formal» (Maurice Coyaud, *L'Empire du regard* [«El imperio de la mirada»]). Al mismo tiempo, incluso si el poeta que tiene dentro está más que dispuesto al asombro, Thoreau permanece profundamente consciente y crítico del mundo con el que vive:

«Hoy en día, casi todo el llamado progreso humano, como la construcción de viviendas y la tala de los bosques y de todos los árboles grandes no hace otra cosa que deformar el paisaje y volverlo cada vez más insípido y ordinario. ¡Un pueblo que empezara por quemar las vallas y dejar el bosque intacto!»

(Caminar)

Ahí reconocemos al Thoreau implicado y pionero de la desobediencia civil.

Experiencias por el camino

Nada puede impedir a Thoreau avanzar, levantar el vuelo en el espacio abierto, sin domesticar, de la naturaleza. Lo atraviesa un impulso irresistible de renovación, que lo impulsa a «aventurarse en la vida» (*Walden*). Su cuerpo-aliento-alma es como un caleidoscopio: su aliento ve, su alma siente, su cuerpo respira. Caminante que no conoce la fatiga, recuerda a la sed vital de volverse salvaje expresada por Sylvain Tesson, que es curativa en tanto que «conecta» con la energía creadora universal.

«Por cualquier ruta, sin importar cuál: yo quería ir por los caminos escondidos, bordeados de setos, por el sotobosque de zarzas y las sendas que conectan pueblos abandonados. [...] Mi gozo se alimenta de la recuperación de mis fuerzas. Curarse tenía algo del proceso vegetal.»

(*Sur les chemins noirs* [«Por los caminos negros»])

Y como un eco perfecto Thoreau le responde:

«Es al caminar que el pulso del héroe late al unísono con el de la Naturaleza y anda al compás del universo.»

(*Una semana en los ríos Concord y Merrimack*)

Los aventureros de la vida se sienten en casa en todas partes. Thoreau se siente cercano al poeta Wordsworth, que instaló su despacho «al aire libre» (*Caminar*). No nos cuesta nada imaginarlo caminar a grandes zancadas, casi volando, con el torso desnudo, ante la transparencia del firmamento o un atardecer brumoso, acariciando la corteza de un árbol perfumado. Respirando con delicia, aquí y ahora, un *prāna* que lo conecta con la respiración de las estrellas:

«Este aire tiene algo de vivificante, y soy especialmente sensible a este viento muy real que sopla desde la superficie de un planeta [...]. Respiro aire fresco. Es una evidencia tan sublime como la más interior de las experiencias.»

(*Diario*)

Vivir poéticamente significa creer «los sueños de infancia» (*Walden*): «ese germen en nuestro interior que nos reinventa incesantemente» (Lorand Gaspar, *Approche de la parole* [«Aproximación a la palabra»]). Es así como se escribe el poema siempre inacabado de la vida. ¿Cómo escribimos nosotros el nuestro? ¿Estamos seguros de estarle dedicando suficiente aliento, suficiente imaginación, suficiente amor? ¿Estamos preparados para dejar que nuestra vida cambie de color? Para vivir momentos fuera del tiempo, nuestro yogui del bosque multiplica las ocasiones y le basta con muy poco:

«Esperar no solo el alba y la salida del sol, sino, si es posible, ¡la misma Naturaleza!»

(*Walden*)

Entre sus experiencias más poéticas, los encuentros con un arcoíris le permiten experimentar estados de conciencia profundos y abiertos.

«Sucedió una vez que me encontré en el mismo estribo del arco de un arcoíris que llenaba el estrato más bajo de la atmósfera, tiñendo la hierba y las hojas a su alrededor y deslumbrándome como si viera a través de un prisma de colores. Era un lago de luz irisada en el que, por un breve espacio de tiempo, habité como un delfín. Si hubiera durado más tiempo, tal vez hubiera cambiado de color mi trabajo y mi vida.»

(*Walden*)

Entra en resonancia con otro arco, un puente entre la tierra y el cielo que parece conectarlo con una forma de inteligencia universal. Echa a correr y baja por la colina, consciente de la presencia del arcoíris por encima del hombro. En ese momento le llega un mensaje silencioso que lo incita a descubrir nuevos horizontes, a vivir libremente, a no poseer nada ni dejarse poseer por nada:

«Mi buen genio parecía decirme: vete a pescar y a cazar bien lejos todos los días, cada vez más lejos, y reposa junto a muchos riachuelos y hogueras sin temor. [...] Levántate con despreocupación antes del alba y sal en busca de aventuras. [...] Crece salvaje según tu naturaleza, como estos juncos y matorrales. [...] No trabajes para vivir, juega. Disfruta de la tierra, pero no la poseas. Por su falta de ambición y de fe, los hombres están como están, comprando y vendiendo, viviendo sus vidas como siervos.»

(*Walden*)

Estas palabras nos conmueven profundamente porque despiertan el recuerdo de esta vibración tan misteriosa, ¡la de estar vivo!, que a la vez es tan vulnerable y maravillosamente fecunda. Contemplar las cosas con perspectiva, a pesar del sufrimiento, la pérdida de seres queridos, nos permite discernir con más agudeza lo esencial y actuar con mayor determinación. Thoreau convierte esta convicción en el germen de su vida, el aliento creador en la vía de lo cotidiano, protegido por árboles y arcoíris.

Inventar la propia vida

Nuestro yogui del bosque ha entendido a la perfección la ley formulada en el *Bhagavad Gītā* y los *Tantra*: la raíz del futuro crece en nuestros pensamientos y si no prestamos atención, el futuro no será más que un sucedáneo del pasado. Sin embargo, Thoreau se niega a ser un juguete del condicionamiento, de la repetición. Se pone en marcha para que su aliento sea más vivo, para renacer todos los días para sí mismo, para convertirse en el artesano cocreador de su cuerpo, su pensamiento, su vida:

> «Cada hombre es el constructor de un templo llamado su cuerpo, dedicado al dios al que adora, en un estilo totalmente personal [...]. Todos somos escultores y pintores y nuestro material es nuestra propia carne y sangre y huesos.»
>
> (*Walden*)

¡Qué sencillo y evidente parece! En cualquier caso, es un buen antídoto para la melancolía: basta con ponerse en marcha.

En su cabaña, tanto en verano como en otoño, da la bienvenida a la vida «día y noche [...] con alegría, y la vida tiene la fragancia de las flores y las hierbas aromáticas, es más elástica, más estrellada, más inmortal [...] La cosecha de mi vida cotidiana» (*Walden*).

Percibimos en sus palabras un eco espiritual. En el mismo capítulo, algo más adelante, observa a ese respecto:

> «Si conociera a un hombre con la sabiduría de enseñarme la pureza, me esforzaría por encontrarlo de inmediato.»
>
> (*Walden*)

188

Como no dispone de esta ayuda valiosísima, parte en busca de la verdad en los textos de la tradición hindú, se transporta a las orillas del Ganges:

«Por las mañanas baño el intelecto en la fabulosa filosofía cosmogónica del *Bhagavat Gītā* [...]. Dejo el libro y me voy al pozo a por agua, y, ¡oh!, ahí me encuentro con el Brahmán, sacerdote de Brahma y Vishnu e Indra, que sigue sentado en su templo del Ganges.»

(*Walden*)

¿Qué enseña este texto clave del yoga? Próximo a los preceptos de la filosofía antigua, promueve como objetivo el conocimiento de uno mismo más allá del yo individual, así como la práctica que consiste en ejercitarse para actuar en el mundo, de acuerdo con la Armonía universal y, sobre todo, de forma altruista. El discurso de Krishna dirigido al arquero Arjuna en el campo de batalla es, para Thoreau, un ideal pertinente. El campo de batalla es su cuerpo-aliento-conciencia. Este antiguo texto budista se hace eco de lo mismo:

«La verdad, amigo mío, así lo declaro: en este cuerpo, por mortal que sea, con solo un metro de altura, pero consciente y dotado de inteligencia, se encuentra el mundo, su crecimiento, su declive y el camino que conduce a su superación.»

(*Anguttara Nikaya*)

Thoreau pone en práctica lo que piensa. Se enfrenta, se recrea, se aventura por los caminos de la vida, fuera de los senderos trillados.

«Deseo vivir todos los días de tal forma que mi satisfacción y mi inspiración salgan de los acontecimientos más ordinarios y cotidianos, de modo que lo que mis sentidos perciben a cada momento, mi paseo diario, la conversación con mis vecinos, me inspire.»

(*Walden*)

Para nuestro yogui del bosque, el descubrimiento esencial, la razón definitiva de la existencia humana tiene un nombre: despertar. «Renuéva-

te por completo todos los días; hazlo de nuevo y de nuevo y por siempre jamás» (*Walden*).

En la iconografía religiosa y espiritual india, el mayor estado interior suele estar simbolizado por los grados superiores: por ejemplo, se representan con un loto (*cakra*). El loto de mil pétalos, el más elevado, se sitúa doce dedos «por encima» del cuerpo. Lo más curioso es que Zaratustra, al que Thoreau cita varias veces en *Walden*, nos invita metafóricamente a bailar «encima de nosotros mismos». A su manera, Thoreau baila así en su vida. Igual que Zaratustra, vive solo, baja de la montaña para enseñar a los seres humanos a quererse. Y para eso, debe aprender a bailar, es más, debe experimentar el gozo de la danza. «¡Bailad por encima de vosotros!», grita. Que lo entienda quien pueda al poner en práctica esta experiencia embriagadora con el cuerpo, pero también con la respiración y el alma. Bailar significa participar en la creación, vivir, en presente, en cuerpo y alma, el ritmo de la vida universal, siempre nueva. Y este momento para Thoreau indica el éxtasis poético, el cruce de dos infinitos, el humano y el cósmico, ¡aunque signifique bailar en el vacío!

¿Cómo puede esta sabiduría de la vida ayudarnos a navegar por el océano del *samsāra* en tiempo tormentoso? Por imperfecta que sea, por llena de escollos que esté, la vida espera que consigamos algo. Igual que la paleta de un pintor contiene potencialmente múltiples pinturas, o un instrumento musical, innumerables acordes. Una energía creadora vela por nosotros y nos invita a ver, a actuar, a vivir el mundo como poetas, con lucidez, atentos a las tinieblas, pero también despiertos a la belleza del mundo, sobre todo a la belleza invisible que nos queda por descubrir en los demás, en nosotros. Y es que «estar despierto es estar vivo» (*Walden*).

En el segundo capítulo de *Walden* titulado «Dónde vivía y por qué vivía», Thoreau confiesa su emoción ante el verdadero amanecer, el interior, que disipa las brumas del sueño:

«Debemos aprender a despertar de nuevo y a mantenernos despiertos no gracias a ayudas mecánicas sino mediante una expectativa infinita del amanecer, que no nos abandona ni durante nuestro sueño más profundo. No conozco ningún hecho más esperanzador que la capacidad incuestionable del hombre de elevar la propia vida mediante un esfuerzo consciente.»

(*Walden*)

Cuando llegó el momento de abandonar el río de la existencia, Thoreau murmuró: «*Now comes good sailing. Moose. Indian*» («Es la hora de navegar. Alce. Indio»). En la India, dice la tradición que el último pensamiento concebido en esta vida prefigura la siguiente. Tal vez el cuerpo del yogui del bosque renaciera en el de un nativo americano o un alce, ¿quién sabe?

5. Resonancia, *dhvani*

Thoreau es una de esas raras personas capaces de escuchar lo que dice el viento, las aguas, la tierra y las luminarias celestes, dialoga con los vivos de todas las especies, la fauna y la flora, sus vecinos y amigos del presente, pero también con los sabios del pasado, que siguen vivos. Su escritura vibra con una experiencia arraigada en la tierra y conectada con los espacios celestes, con las culturas nativas, tan fuertemente ligadas a esta parte de lo universal. Si nos vemos privados de todo esto, nos invade una extraña melancolía. Ya no nos pasearemos por el bosque de la misma forma después de haberlo conocido. Oímos que nos habla, charlamos acerca de todos los temas que lo preocupan y hoy en día son candentes. Dentro de algunas décadas, ¿habrá desaparecido toda la nieve del Himalaya? ¿Dónde se refugiarán las divinidades de las montañas, Shiva y Parvatī?

Testimonio de su época y de lo vivo, su palabra es un bálsamo y una invitación para reflexionar que nos abre a otros horizontes. Al pasar una página surgen preguntas que nunca nos habíamos hecho pero que de repente tienen eco en nosotros:

«Un libro bueno de verdad es algo tan natural, tan inesperada e inenarrablemente bello y perfecto como una flor salvaje.»

(Caminar)

Me parece que su obra se ajusta a estos criterios. Leerla invita a conectar las piezas dispersas de nuestra vida, a entrar en resonancia con lo que nos preocupa profundamente y, tal vez, integrarlo en nuestra vida. Leer a Thoreau es como una semilla, sus palabras emocionan —etimológicamente, «ponen en movimiento»—, avivan nuestras brasas aletargadas, ¡que lo estaban esperando!

Es cierto que vivimos en una nube inmensa de palabras de frecuencias múltiples que son inaudibles en su mayor parte: las de los recuerdos, las de los seres queridos que ya no están, las de los guías desconocidos, más allá del tiempo y del espacio, las de nuestras intuiciones e imaginaciones. Aparte de su papel formativo, la vocación de los libros y las obras de arte es tener un rol performativo: recordarnos la existencia del «soy» uno, sencillo, verdadero, rebosante de creatividad. En la época védica, los poetas visionarios, los *rishi*, vivían en contacto inmediato con la naturaleza, con los elementos, ¿será ese el motivo de que tuvieran ciertas premoniciones, como esta relativa a la palabra?

«La Palabra no tiene fin, está más allá de toda creación, sin límite. Todos los dioses, los Gandharva, los hombres, los animales moran en ella. En la Palabra, los hombres encuentran su base. La Palabra es la sílaba sagrada OM, la primera nacida de la Armonía cósmica, madre de los *Veda*, ombligo de la inmortalidad.»

(*Taittiriya Brahmana*, II.8-4-5)

En este caso podemos entender la Palabra como una Conciencia universal a la que Thoreau hace referencia incontables veces. Este vínculo, esta conciencia del inter-ser, nos sana, nos cura de la insensatez del olvido y del imperio del yo, que destruyen a un ritmo alarmante el equilibrio del planeta. ¿Y si esta «palabra» que une todos los fenómenos pudiera ayudarnos a ralentizar la disolución del *dharma*, a revertir el proceso?

En apariencia, los escritos de Thoreau y los textos de la antigua India no tienen ninguna relación, pero comparten una aproximación profunda a la experiencia. Apuntan a un horizonte inalcanzable, la expresión del «soy» en relación con el mundo. Otra lengua, otra cultura, otra forma, pero una misma aspiración de unirse a la realidad y transmitir la música inaudible que emana de ella. Una inter-lectura que resulta fecunda en la medida en la que una tercera dimensión, la de quienes leemos, se convierte en un puente y se compromete, pone en movimiento su memoria, su imaginario, su sed de descubrimiento.

Reflexionar y asombrarnos juntos, dejarnos conmover no solo por la belleza de las formas sino, sobre todo, por la emoción de un misterio. Dejar que estos textos resuenen, vibren, entrar en una dinámica de metamorfosis. Esta experiencia se corresponde con el concepto indio de *dhvani*, la resonancia, el poder de sugestión de las cosas. Nuestro yogui del bosque se convierte en un portavoz tan eficaz de ello que inspira hoy en día numerosas tomas de conciencia en los ámbitos de la ecología, de la esfera sociopolítica o del arte. *Dhvani* significa a la vez conocimiento y experiencia, pero de una naturaleza indescriptible, imposible de conocer objetivamente, tal como lo expresan estas palabras grabadas en el santuario de Ise, en el Japón del siglo XII, por el monje Saigyō: «Qué cosa más divina parece estar presente, la ignoro y, sin embargo, mis lágrimas se desbordan por la llamada extrema de lo que es». Cuando Thoreau experimentaba en un claro de bosque la vibración de los árboles, de los animales, al oír la delicada melodía de la vida en su interior, ¿conocía la existencia de aquello que los sabios tántricos llamaban «el mantra silencioso del universo» (*Vijñāna Bhairava Tantra*)?

> «Al seguir con atención los sonidos prolongados de un instrumento musical, de cuerda o de otro tipo, si el espíritu [no se interesa] por nada más, al final de cada sonido, uno se identificará con la forma maravillosa del firmamento supremo.»
>
> (p. 41)

Y dado que la resonancia implica vibración, un tratado del shivaísmo de Cachemira sobre la Vibración cósmica llamado *Spandarnirnaya* precisa: «Al hacerse uno con este estado vibrante, el yogui se establece en él de forma inquebrantable, firmemente decidido a vivir, actuar, etc., según el *spanda*.»

No nos sorprende que al artista-artesano se lo llame *mantrin* (conocedor de los *mantras*) o yogui. Si todavía nos preguntábamos por qué a Thoreau se lo puede calificar de yogui sin darle muchas vueltas, una respuesta evidente se encuentra en la noción original de *dhvani*. Músico en su alma, entabla una relación íntima entre la esencia de la música y de la naturaleza. Además, para él existir significa vivir en resonancia, entretejido en la trama del mundo.

Dhvani

La visión de las volutas de humo atravesando el cielo como una nube de vapor bajo una fuente supone para Thoreau muchas oportunidades de revelar un sentido oculto:

> «El humo asciende con la forma natural y silenciosa con la que el vapor brota de los árboles como una exhalación [...]. Es un jeroglífico de la vida humana, que da a entender cosas más íntimas y más importantes que el hervor de una olla.»
>
> (*La mañana interior*)

La teoría india del arte sitúa la resonancia, *dhvani*, en el corazón de la experiencia estética y espiritual, que fue uno de los temas fundamentales de la poética de Abhinavagupta, uno de los mayores teóricos del arte en la India. Consiste en aprehender de forma intuitiva una realidad inexpresable que solo se puede evocar y no describir. El placer estético solo se puede sugerir, no se puede describir en términos sencillos. El sentido misterioso, velado, es la verdadera esencia del poema, más allá de su composición y de su sentido inmediato. Lo que se saborea, se investiga en el arte, en última instancia, no es otra cosa que un despertar de la propia conciencia. Y eso nos lleva a descubrimientos recientes en el campo de la neurociencia aplicada al arte: hablamos de una «ignición»[6] cuando el sujeto experimenta una emoción estética.

Dhvani, 'repercusión, resonancia', se corresponde con una experiencia interior generadora de sentido que se experimenta como una eclosión, un relámpago, según los textos cachemiros. El alma experimenta un placer intenso al desentrañar un sentido que no era evidente a primera vista. Y por eso, según Thoreau, «[las palabras] no están definidas, pero son significativas y fragantes como el incienso» (*Walden*). Puede oírse un eco occidental en estos versos de sobras conocidos del poema titulado «Correspondencias», de *Las flores del mal* de Charles Baudelaire:

---

6. Stanislas Dehaene, Jean-Pierre Changeux, Lionel Naccache, «The Global Neuronal Workspace Model of Conscious Access».

«La Natura es un templo donde vivos pilares
dejan salir a veces sus confusas palabras;
por allí pasa el hombre entre bosques de símbolos
que lo observan atentos con familiar mirada.
Como muy largos ecos de lejos confundidos
en una tenebrosa y profunda unidad [...].»

Como sugiere Baudelaire, la actividad de la conciencia que busca un sentido oculto es gozo para el alma. Abhinavagupta recalca:

«El espectador cautivado por una escena [teatral] no se interesa por la acción que tiene lugar en ella, ni por el desenlace, sino por un cierto estímulo de su propia conciencia.»

(*Abhinavabharatī*)

Estas palabras son un eco de la aspiración de Thoreau de «convertirnos en el sujeto espontáneo y consciente de nuestros pensamientos» (*Una semana en los ríos Concord y Merrimack*).

Aparte de la experiencia estética y de la inter-lectura, el *dhvani* permite entrar en resonancia con el universo, captar sus correspondencias sutiles. El alma se sale de la rutina, del letargo, para sacar a la luz el sentido oculto de las cosas al exponerse a obras que estimulan la inteligencia y la obligan a ir más allá de la evidencia superficial para desentrañar aquello que no se expresa. A Thoreau lo embarga la emoción al oír cánticos indígenas entonados por los miembros de una tribu vecina. Para aquel que está «dotado de corazón» (*sahridaya*), todo revela un sentido oculto. Goza de la experiencia en unidad y armonía, en la resonancia interior (*dhvani*) que no es otra cosa que la toma de conciencia de uno mismo.

Este poder de resonancia se basa, como ya hemos visto, en la emoción que resurge de las profundidades del inconsciente. Los *vāsanāi*, vestigios olvidados, impresiones inconscientes, habitan en el corazón de todo ser humano y ser vivo como los restos de experiencias surgidas de la vida presente, de existencias pasadas o adquiridas mediante el contacto con obras de poesía, musicales, etc. Si caen las corazas, estos rastros se manifiestan y dejan aflorar intuiciones-iluminaciones (*pratibhā*). Este término se refiere a la inspiración, característica en las formas de arte

más elevadas, que significa literalmente 'lo que refulge hacia'. Se la define como «una inteligencia brillante con un resplandor siempre nuevo» o un destello que, gracias a la noche, descubrimos que siempre estuvo ahí. «El genio es una luz que hace visible la oscuridad, como el destello de un relámpago» (*Caminar*). El *dhvani* se sitúa, pues, más allá de las palabras, una resonancia que actúa como una música silenciosa, desprovista de forma definitiva, que se percibe en el espacio del corazón. De este mismo espacio pueden aflorar significados siempre nuevos, infinitas modulaciones armónicas, como en las *Variaciones* de Bach.

Música

El yogui del bosque permanece a la escucha de la sinfonía del mundo: los chasquidos del hielo en el estanque invernal, las carreras nocturnas de los zorros, el ulular de un búho real. Los elementos, rocas, árboles, viento, riachuelos, océano forman parte de la orquesta. «[Caminemos] al ritmo de la música que [oímos]» (*Walden*). ¿Oía la música de los astros, como Pitágoras? ¿Estaba familiarizado con la teoría hindú sobre el nacimiento del universo? Según la tradición hindú, todo se crea a partir de una resonancia fundamental, *nada*. En una dinámica expansiva, el aliento cósmico (*prāna*) da pie, por un lado, al universo de los sonidos —palabra, mantra— y, por el otro, al universo de las formas, lo visible. En lo que respecta al universo de los sonidos, el lenguaje humano constituye solo un cuarto, los otros tres son los reptiles, las aves, los mamíferos. De esta forma, todo está comunicado y puede aflorar la percepción si la memoria se zambulle a suficiente profundidad para encontrar el núcleo original. A Thoreau le sucede una noche:

> «Por la noche me desveló un atisbo de música que se alejaba, viajeros que pasaban cantando. Mi ser, por un breve instante, se dilató hasta alcanzar lo infinito y lo divino.»
>
> (*Philosophe dans les bois* [«Filósofo en el bosque»])

Incluso sin formularlo tan claramente, es probable que ya hayamos sentido esta comunión. Es el caso, desde luego, de Thoreau, que se crió en una familia de músicos, algunos aficionados, pero que siempre tocaban con ganas. Su padre, John, tocaba la trompeta en una banda; su madre, Cynthia, el piano y el órgano en la iglesia. Su hermana mayor, Helen, toca el violín; su hermano, el fagot. Esta educación sensible, junto con su disposición natural, predispone a nuestro yogui del bosque a experimentar —dentro de la sobriedad más estricta— «grados infinitos de embriaguez» (*Walden*). Se embriaga de belleza, especialmente del murmullo del viento, del canto que produce al atravesar la caja de resonancia de un arpa eólica. Al acordarse de sus armonías, siente la emoción de pertenecer a la vía cósmica:

«Reina en el aire una música sutil parecida a la música de las arpas eólicas. Oigo coros melodiosos que resuenan desde bóvedas lejanas de las regiones más altas del aire, música para traer a los hombres una locura divina, música que, desde lo alto del cielo, viene a morir a nuestros oídos. Para los oídos atentos, ¡qué arpa más espléndida es el mundo! El hombre absorto cree que más allá del canto del grillo no se oye nada, pero hay una melodía inmortal que se puede captar por la mañana, a mediodía, por la noche, para los oídos que saben escuchar y que a veces oye un hombre y a veces otro porque tiene los oídos hechos para la música. Ante este canto, la espirea y la reina de los prados se tensan. Están tan maravillosamente pintadas porque alcanzan la capa más profunda de esta armonía.»

(*Philosophe dans les bois* [«Filósofo en el bosque»])

En agosto de 1841 vive una experiencia con la que soñaba desde hace tiempo. Junto con su hermano John parte a la aventura en barco por el río Concord y luego por el Merrimack. A veces toca la flauta, improvisa, en un diálogo con los sonidos de la naturaleza.

«La música sin premeditación es la verdadera medida de la corriente de nuestros pensamientos, la misma resaca del río de nuestra vida.»

(*Diario*, I)

Experimenta el mundo como si fuera música, una estructura armónica que forma la trama vibratoria de la que surgen todos los fenómenos y a la que regresan. Su conciencia ecológica adelantada a su tiempo da buena cuenta de esta intuición.

La musicalidad de las percepciones de Thoreau tuvo una profunda influencia en el compositor John Cage, que a partir de 1966 se zambulliría en su *Diario*. En 1970 propone una obra vocal intuitiva, *Mureau*, que integra numerosas onomatopeyas extraídas de esta lectura, además de fragmentos de frases, de sílabas, de letras. Cantada *a cappella* en marzo de 1971 en Nueva York, el año siguiente se programó en Alemania, en el festival Pro Musica Nova de Radio Bremen. La búsqueda de la esencia original común al sonido y a la palabra reunió a Thoreau y John Cage y, sin duda, fue una inspiración para muchos músicos y melómanos. Ante todo, es una experiencia de soltar en el marco de una conciencia abierta y viva, de dejarse atravesar por una resonancia, una palabra especial. En la anécdota que Thoreau relata en el capítulo XI, «Leyes más elevadas», John el granjero está «sentado en la puerta de su casa una tarde de septiembre» con aire afligido. Bajo el efecto de la melodía, algo le pasa:

> «La melodía de la flauta llegó a sus oídos desde una esfera distinta a aquella en que trabajaba, y sugirió a ciertas facultades latentes en él que se pusieran a trabajar. [...] [pudo] dejar que su mente regresara a su cuerpo [...] y tratarse con mayor respeto.»
>
> (*Walden*)

El respeto por uno mismo del que habla debe hacerse extensivo a lo vivo y a la tierra que lo sostiene. Thoreau es sensible a este sentimiento que debe tender hacia lo universal y hacia lo que la música nos predispone. En sus *Indian Notebooks* refiere las palabras de un chamán acerca de la expansión del sentimiento de amor en las dimensiones del universo, a diferencia de los «civilizados», que limitan su energía amorosa a los miembros de su familia. Es una escena curiosa:

> «A la orilla del río Ark[ansas] vieron a una mujer india que mecía a su hijo que, atado a un trozo de corteza, colgaba del techo de un cordel de piel de ciervo.»
>
> (*Indian Notebooks*)

«El chamán dijo [a los jesuitas]: "Vosotros, los franceses, amáis solo a vuestros propios hijos, pero nosotros amamos de forma universal a todos los niños de nuestra nación.»

(Indian Notebooks)

Esta actitud parece natural, sin conocimiento científico, pero los nativos estadounidenses tenían percepciones «musicales», en consonancia con la realidad, que Thoreau formula en los siguientes términos:

«Una sabiduría que sobrepasa toda inteligencia; los continentes estables se cimbrean; lo duro se vuelve fluido.»

(Philosophe dans les bois [«Filósofo en el bosque»])

En esta capacidad de intuición, Abhinavagupta veía el resultado de un camino de conocimiento y de experiencia recorrido por los *sahridaya* tanto en sus vidas anteriores como en la presente:

«Solo los seres dotados de un Corazón, después de purificar el espejo de su alma por la práctica de la poesía [o de un arte], se vuelven capaces de entrar en resonancia con las realidades evocadas y acceder así a lo universal.»

(Dhvanyālokalocana)

Lo que nos descubre el recorrido de Thoreau se parece a la aventura interior que aspira a vivir a cada instante de su vida.

Resonar con la naturaleza

El ideal de Thoreau es convertir su vida en un espacio de *dhvani*: aspira a convertirse en un yogui de la vida poética, cosa que concuerda perfectamente con la visión de Abhinavagupta, para quien el yoga es una unión con la Vibración cósmica, con la esencia de la conciencia y de la vida, que funda la armonía universal. Es indispensable cultivar el juicio, sin deshacerse de la capacidad de entrar en resonancia y de asombrarnos. A lo largo de sus paseos por la naturaleza, Thoreau descifra, basán-

dose en el principio de la sugestión, las cortezas de árbol, las huellas de pájaros, de conejos, de musarañas, de un leñador y sobre todo flechas antiguas de los nativos estadounidenses, que recoge como si fueran reliquias. Como estudiante apasionado del latín y el griego que fue, se interesa por la lengua de los indígenas, que a sus ojos son guardianes de la armonía original. Presiente un vínculo preestablecido entre su lengua y la naturaleza, como si palabra y forma fueran dos expresiones con el mismo origen. «Para todo aquello para lo que tienen una palabra, tienen una cosa» (*Diario*, X). Escuchemos, pues, la música de las palabras en la lengua ojibwa: *moz* significa 'alce', *muskodai*, 'pradera'. En la lengua Penobscot, que aprende durante su exploración de Maine con sus amigos nativos Joe Polis y Joe Aitteon (en *Maine Woods* [«Bosques de Maine»]), veamos cuatro palabras que Thoreau destaca en los *Indian Notebooks*: *metik-goag*, 'árboles', *shingo-beek* 'siempre verde, pinos', *netish-un*, 'árboles de largas hojas', *nin-au-tik*, 'arce'.

Acerca del poder de sugestión de las palabras, subraya la interdependencia palabra-naturaleza:

> «El salvaje elocuente se complace de usar tropos y metáforas, emplea la naturaleza como símbolo [...] Mira a su alrededor, al bosque..., en busca de ayuda para expresarse.»
>
> (*Indian Notebooks*)

La bruma que se alza por encima de un valle, algunas huellas, cantos de ave, todo tiene sentido, todo es una señal. El bosque, el río, el estanque son para él formas sugerentes de otra realidad no expresada. Vive en un estado de descubrimiento permanente, de improvisación, al unísono con el mundo:

> «Mi pensamiento forma parte del significado del mundo, y el motivo por el que utilizo una parte del mundo como símbolo para expresar mi pensamiento.»
>
> (*Diario*, X)

Al observar los *wigwams* (tipis) de los nativos estadounidenses, toma conciencia de su belleza y unidad. El conjunto respira como un único organismo. Como etnólogo asombrado, Thoreau describe su admirable habilidad en la construcción de hábitats completamente orgánicos:

«Primero se dibuja un círculo sobre la superficie lisa de la nieve, y los bloques para elevar los muros se cortan desde dentro, para despejar un espacio hasta el hielo, que formará el suelo de la vivienda.»

(*Indian Notebooks*)

El círculo simboliza la tierra, considerada su verdadera morada y cuyo horizonte tiene forma circular. En su verticalidad, la estructura de los *wigwams* participa, en cierto modo, del simbolismo de la esfera, con la zona común en el centro, justo debajo del orificio. ¡Un mandala tridimensional!

«Sus casas, llamadas *wigwams*, se construyen con varas delgadas clavadas en el suelo, que se doblan y atan entre sí, utilizando cortezas de árboles ovaladas en la parte superior. Las mejores de estas casas están cubiertas con esmero, bien ajustadas y cálidas, con cortezas de árboles que se arrancan cuando la savia está en su punto más alto. Estas cortezas, aún verdes, se transforman en grandes planchas presionándolas con madera pesada, y, al secarse, mantienen una forma adecuada para el uso previsto. En las casas más pequeñas, encienden un fuego en el centro y dejan un agujero en la parte superior para que el humo pueda salir.»

(*Indian Notebooks*)

Un hábitat como este, íntegramente natural, hecho de fibras vegetales, no podría estar más alejado de los edificios de Nueva York en los que Thoreau vivió varios meses mientras hacía de preceptor al sobrino de Emerson. En consecuencia, se vio empujado a sumergirse en la naturaleza salvaje, a vivir en resonancia con todo cuanto esta podía ofrecerle en cuanto a sentidos y belleza. Durante más de dos años se consagró por completo al descubrimiento del origen de la vida, y fue suficiente para una maduración a todos los niveles, del físico al espiritual. El arte de la alusión *dhvani*, antídoto para los obstáculos mentales, es liberador, ¡y no solo a nivel espacial! Lo que nuestro amigo Thoreau quisiera susurrarnos a todos al oído es que no debemos olvidar nunca nuestras preguntas, nuestras necesidades de espacio interior, encontrarnos con aquellas y aquellos que nos interpelan a través de sus diferencias.

No sé qué tipo de activista ecologista sería hoy en día Thoreau, pero una cosa sí es segura: «mediante la obediencia a las leyes del propio ser» (*Walden*), defendería sus ideas con pasión. Thoreau era un buscador nato, un inconformista, impulsado por una confianza en sí mismo a prueba de todo, una intrepidez casi infantil. Lo inexplorado se convierte en su motivo fundamental para viajar al encuentro de otras culturas, tanto en sus excursiones como en sus excursiones literarias hacia los tesoros espirituales de la antigua India.

Navegó también entre los amerindios de Occidente y los indios de Oriente, admirando en ellos el sentido innato de la armonía natural, el respeto por el *dharma*, la percepción de su inter-ser y de la presencia de la vida universal, consustancial a todas las cosas. Todo gracias a su capacidad para resonar con la realidad, por dentro y por fuera, para acoger lo inesperado, pacíficamente, con alegría, con esperanza, contra viento y marea.

La vida y la obra de Thoreau son una invitación para emprender un viaje muy beneficioso que consiste en «alejarse de hitos estrechos» (*Walden*) y aventurarse más allá de las fronteras interiores. Y nosotros, ¿podemos acompasar nuestros pasos a los de este caminante atento a las resonancias del mundo?

«Una cosa, al menos, he aprendido de mi experiencia: que si uno avanza con confianza en la dirección de sus sueños y se compromete a vivir la vida que imaginó, hallará un éxito inesperado en la vida ordinaria. Dejará atrás algunas cosas, superará fronteras invisibles y unas leyes nuevas universales empezarán a asentarse en su interior y a su alrededor.»

(*Walden*)

EPÍLOGO

En marcha por los senderos
de la vida

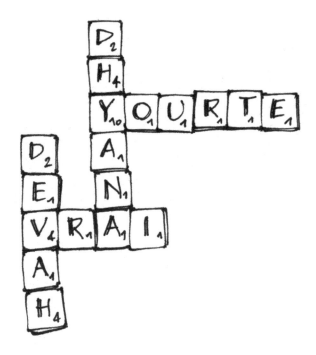

dhyana, devah, vrai, yourte

dhyana, devah, verdad, yurta
(devah [en sánscrito, nominativo]: dios)
(yurta: vivienda tradicional con forma circular de los nómadas de Asia central)

Ya casi hemos terminado nuestro paseo en compañía de un hombre independiente en grado extremo, solitario intermitente que escapa a toda clasificación, pero, sin embargo, alguien profundamente arraigado a su tierra y a su tiempo, conectado con lo que le rodea, con lo vivo, sus semejantes más desfavorecidos, las plantas, los animales, el universo. Como un centinela que escruta los alrededores, se impuso la misión de despertar a quienes están dormidos y no se preocupan por el mundo ni por la naturaleza, que corre un peligro inminente. Un pionero, el yogui del bosque está alerta. Aislado para poder estar mejor en el mundo, aquí y ahora, con intensidad, en un cara a cara lúcido con la realidad. Del «presente» de la observación nos ofrece algunas premoniciones de un futuro que hoy en día se ha convertido en nuestro paisaje habitual. Su mirada, enriquecida por dos tradiciones «indias», la de América y la de la India, lo incita a su vez a redescubrir la belleza de lo vivo, y de despertarse urgentemente, gracias a una lúcida toma de conciencia de la situación alarmante de nuestro planeta. Los hechos son claros: la desaparición de miles de especies se acelera, los glaciares se derriten, la temperatura aumenta y el agua escasea. ¿Es el momento de abandonar el barco? ¿De dejarse dominar por el fatalismo? ¿O podemos inspirarnos en las palabras de Thoreau para actuar de una forma más constructiva?

Lo que nos transmite el yogui del bosque no viene únicamente de un individuo nacido en Concord en 1817 en un contexto determinado y con una cultura y educación determinadas. Más allá de las fronteras de la apariencia, supo abrirse a otras voces, convertirse en portador de miradas diferentes sobre el mundo y la vida, capaces de transformar su relación con la naturaleza, con los seres de toda procedencia. Pertenece a varias épocas y nunca nos había parecido tan contemporáneo como hoy.

Por lo tanto, bajo la alerta de las tormentas que se avecinan, continuemos, tal como propone Thoreau en el capítulo que concluye *Walden*, navegando con total lucidez y valentía «en el puente de mando del mundo», bien cerca del mástil, y no refugiados en el camarote. Debemos aprovechar el aguijón de las dificultades y la incomodidad para mantenernos despiertos. Esa fue su motivación en el momento en que decidió vivir en libertad durante más de dos años en el bosque, una soledad abierta y feliz. A merced de las circunstancias, se deja enseñar por la Naturaleza, de la que está perdidamente enamorado. Con una ligereza infantil, se abandona sin reparos a la alegría de vivir. Vive sus sueños y hace todo lo posible por hacerlos realidad.

La profundidad del lago y el aliento de los árboles «derecho[s] como una pagoda en mitad del bosque» (*Walden*) forman un mandala, los sonidos de la naturaleza resuenan como mantras y sus gestos cotidianos, imbuidos de sencillez y de respeto, son los *mudrā*. Para este discípulo apasionado, todos estos aspectos de la naturaleza son vectores de una verdad que debe tomar forma dentro de lo cotidiano. Aunque se abandona a la concentración, nuestro yogui del bosque es también un ser en movimiento: avanza por todos los espacios, los senderos, las páginas de sus textos, los libros del mundo. Sus «pensamientos alados son como aves», escribe en *Una semana en los ríos Concord y Merrimack*. Entre sus contemporáneos, practica el arte de comportarse de la *Bhagavad Gītā*, se moviliza, cuestiona la injusticia de la esclavitud, de la segregación racial.

Es a la vez un revolucionario y un seguidor de la ética, del *dharma*, que es un principio que garantiza por un lado la cohesión interna de un cuerpo, de una comunidad, de una cultura, del cosmos y, por la otra, el inter-ser armonioso entre estas realidades. Nuestros ecosistemas, a merced de la violencia humana, dependen de ellos y evidencian desregulaciones climáticas devastadoras. Hoy en día se han aportado muchas ideas para encontrar soluciones de todo tipo, pero Thoreau alza una voz única; lo que hace que un ser sea único es su pertenencia al momento presente, además de su presencia en una dimensión fuera del tiempo. Como dice Emerson:

«Un hombre auténtico no es de otro tiempo ni de otro lugar, es el centro de las cosas. Allí donde esté, está la naturaleza.»

(*La autoconfianza*)

¿Qué diría?, ¿qué haría el pionero de la «desobediencia civil» si viviera hoy en día? ¿Participaría en las acciones para ayudar a los más necesitados? ¿Se habría marchado de la ciudad para vivir en una yurta, alejado de todo? A mí me parece que, de una forma u otra se implicaría en la invención de un nuevo modo de vida basado en compartir y en la solidaridad, el respeto por la biosfera y todo lo que contribuyera a hacer de nuestro planeta un lugar más habitable. Para no quedarse en el mundo de las ideas, el yogui del bosque pone en práctica este ideal. Su investigación se orienta en tres direcciones esenciales: el sentido de la sencillez, hecha de desapego y de ternura por sus judías; el sentido de la unidad, que experimenta mediante la contemplación de un árbol compuesto de mil y una formas variadas; el sentido de la belleza que conmueve y da acceso a lo invisible, como la relación del arcoíris con la luz.

Lo que seguramente nunca hubiera imaginado es que, más de un siglo y medio después, su voz seguiría resonando e insuflándonos una nueva energía para salir de tanta confusión. Sus palabras nos interpelan y nos ponen en movimiento, ¡algún día habrá que empezar! Vivir experiencias, no huir, no atacar sin participar, entender para actuar correctamente, retirarse para poder reinvertir mejor el tiempo presente. Mantener el eje, el punto medio. Volverse más intenso, más consciente, más presente. Contemplar con amor una flor de romero o un arrendajo azul. Y no olvidarse de la alegría; lo que Thoreau dice aquí sobre la escritura podría haberlo dicho de cualquier cosa; de la ecología, del yoga, de cualquier acción, de cualquier toma de conciencia:

«Imposible escribir bien y sinceramente si no se hace desde la alegría. El cuerpo, los sentidos deben trabajar con el alma; la expresión es el acto del cuerpo entero.»

(*Diario*, VII)

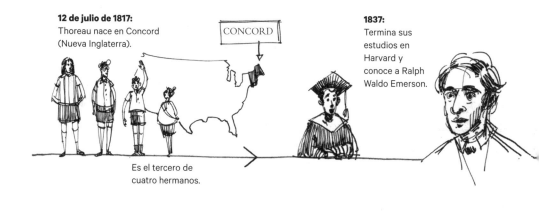

12 de julio de 1817:
Thoreau nace en Concord (Nueva Inglaterra).

CONCORD

Es el tercero de cuatro hermanos.

1837:
Termina sus estudios en Harvard y conoce a Ralph Waldo Emerson.

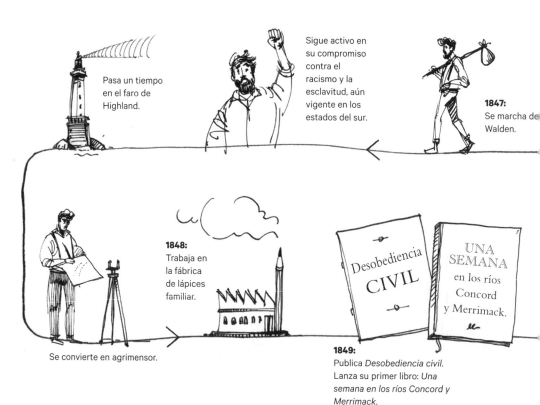

Pasa un tiempo en el faro de Highland.

Sigue activo en su compromiso contra el racismo y la esclavitud, aún vigente en los estados del sur.

1847:
Se marcha de Walden.

1848:
Trabaja en la fábrica de lápices familiar.

Se convierte en agrimensor.

Desobediencia CIVIL

UNA SEMANA en los ríos Concord y Merrimack.

1849:
Publica *Desobediencia civil*. Lanza su primer libro: *Una semana en los ríos Concord y Merrimack*.

DIARIO

1906:
Se publica su *Diario*.

HENRY

6 de mayo de 1862:
Fallece de tuberculosis a los 44 años.

Animado por Emerson, empieza a escribir su *Diario*.

1840:
Descubre el *Código de Manú* (*Manusmriti*).

4 de julio de 1845:
Se instala en Walden.

Verano de 1846:
Viaja a los bosques de Maine, siente una gran atracción por el monte Ktaadn («Tierra Alta»).

1846:
Pasa una noche en la cárcel con motivo de su oposición a la esclavitud y a la guerra de México.

A partir de 1850:
Conocer la cultura de los nativos estadounidenses se convierte en una prioridad para él.

Empieza un herbario en el que recoge 900 especies vegetales.

1859:
Publica su *Alegato por el capitán John Brown*, partisano de la lucha armada contra la esclavitud.

1854:
Publica *Walden* y aparece *La esclavitud en Massachusetts*.

HENRY DAVID THOREAU,
BIOGRAFÍA SINTÉTICA

Ensayista, poeta, naturalista, filósofo de la naturaleza, pionero de la «desobediencia civil» y de la ecología, Henry David Thoreau fue testigo de su época, un visionario que puso en práctica sus ideas.

1817, 12 de julio: nacimiento de David Henry Thoreau en Concord (Nueva Inglaterra) en el seno de una familia modesta y culta. Concord, fundado en 1620 por inmigrantes ingleses, es una ciudad pequeña de 2.000 habitantes situada no muy lejos de Boston, en el estado de Massachusetts.

Su abuelo paterno, Jean Thoreau, perteneciente a una familia francesa protestante, nació en 1754, desembarcó en Boston en 1773 y participó en la lucha por la independencia de Estados Unidos (1775-1783) junto a La Fayette, «el héroe de dos mundos». En lo que respecta a su abuelo materno, Asa Dunbar, lideró la primera revuelta estudiantil, la llamada «Butter Rebellion», en Harvard en 1766.

Es el tercero de cuatro hermanos, ninguno de los cuales se casará ni formará una familia. Los mayores son Helen (1812-1849) y John (1814-1842). La hermana menor se llama Sophia (1819-1876).

El nombre de pila, David Henry, lo recibe en homenaje a un tío paterno fallecido, y él lo transformará en Henry David durante su época de estudiante, antes de irse a Walden. Desde su infancia, muestra una gran predilección por la naturaleza: con su hermano John pesca, se encarama a los árboles, nada en el lago, observa los insectos y los otros animales. Lo fascinan los indios Mohawk, que acampan no muy lejos de su casa todos los años.

1834: a los diecisiete años, Thoreau empieza estudios universitarios clásicos —Latín, Griego, Filosofía, Botánica y Geología— en Harvard College.

1837: su discurso de graduación en Harvard se titula «El alma comercial de la época moderna y su influencia sobre el carácter político, moral y literario de una nación».

En primavera de 1837 conoce a Ralph Waldo Emerson, que acaba de instalarse en Concord. Es un pastor protestante prendado de la filosofía que participa en un nuevo movimiento literario, el transcendentalismo.

David Henry se convierte en Henry David. Trabajará como maestro en Concord durante solo dos semanas porque se muestra en total desacuerdo con los métodos impuestos de castigo físico.

Desde 1837 hasta su muerte, Thoreau escribe su *Diario* animado por Emerson.

1839-1841: funda una escuela junto con su hermano, John, en la que integran caminatas, natación, botánica, entre otras cosas.

Para su viaje por los ríos Concord y Merrimack, construyen entre los dos un barco de vela al que llaman *Musketaquid* (nombre indio del río Concord).

1840: Thoreau descubre el *Código de Manú* (*Manusmriti*, s. II a. C.), traducido por William Jones en 1796 gracias a Emerson (1803-1882), que lo tomó prestado del Athenæum de Boston.

1840-1844: Thoreau colabora con la revista *The Dial*, creada por Emerson y Margaret Fuller. Esta publicación innovadora por su espíritu universalista difunde una visión del transcendentalismo cercana al Romanticismo alemán de Humboldt.

1841-1843: en 1841 cierra la escuela porque John contrae tuberculosis.

Thoreau se va a vivir con Emerson y aprovecha para copiar numerosos fragmentos del *Código de Manú* y escribir un ensayo sobre el *dharma* (deber, orden de las cosas) que permanece inédito hoy en día.

Se une al Transcendental Club (círculo de reflexión sobre el transcendentalismo).

Escribe numerosos artículos y acuña un nuevo estilo, el *nature writing*, denunciando los peligros de la industrialización, de la urbanización, la búsqueda desenfrenada del progreso, el consumismo.

Thoreau se convierte en asistente de Emerson y publica varios fragmentos del *Código de Manú* en el tercer número de *The Dial*, titulado *Ethnical Cultures*, planteando la hipótesis de que lo divino se expresa a través de todas las culturas y lenguas.

1842: fallece su hermano mayor, John.

1843-1844: Thoreau pasa ocho meses en Nueva York como preceptor del sobrino de ocho años de Emerson. Durante la estancia, siente una profunda nostalgia por los bosques de Concord.

1844: Ralph Waldo Emerson compra un terreno alrededor del estanque de Walden, en Concord, Massachusetts, que ofrece a Thoreau. Allí él se construye una cabaña, alquila un caballo para trabajar la tierra y cultiva un huerto (con judías, guisantes, maíz, nabos y patatas).

1845-1847: el 4 de julio, día de la Independencia, a los veintisiete años, Thoreau se instala en Walden, en el terreno que Emerson le ha prestado. Se lleva un ejemplar de la *Bhagavad Gītā* traducida por Wilkins (1785).

No come carne, mantequilla ni leche. Observa las marmotas, los zorros, las aves, se baña todos los días en el lago, medita en su barca, contemplando las estrellas.

1846: Thoreau pasa una noche en el calabozo (en el mes de julio) a causa de su negativa a cumplir con el impuesto legal (6 dólares) desde 1840 por motivo de su oposición a la esclavitud y a la guerra de México. En verano de 1846 viaja a los bosques de Maine, donde siente una gran atracción por el monte Ktaadn («Tierra Alta»).

1846-1854: durante estos años, Thoreau elabora siete versiones de *Walden*.

1847: partida de Walden, el 6 de septiembre. Thoreau da varias conferencias acerca de su experiencia en Walden con el título *Historia de mí mismo*.

Continúa apoyando la acción antirracista y contra la esclavitud, que sigue vigente en los estados del sur. Defiende públicamente a John Brown (ver 1857).

En otoño, parte a descubrir el Cabo Cod con William Ellery Channing, su amigo pastor y escritor.

Hace una estancia en el faro de Highland.

Luego se instala en la nueva casa de sus padres. Lee libros sobre el budismo, el hinduismo, el *Mahābhārata*, que identifica con su experiencia.

Se convierte en agrimensor. Además de su nuevo trabajo, se interesa por la obra de dos naturalistas: Humboldt y Darwin, además de por Goethe.

1848: Thoreau trabaja en la fábrica de lápices familiar.

Da una conferencia en Concord acerca de su noche en prisión: *Resistance to civil government*.

1847-1848: pasa el invierno en casa de Emerson.

1849: publica «La desobediencia civil» en *The Boston Review*, reeditado en 1866.

Se publica su primer libro, *Una semana en los ríos Concord y Merrimack*, que contiene decenas de citas de libros representativos del pensamiento de la India: *Shakuntalā*, de Kalidāsa, *Hitopadesha*, de Vishnusharma, *Sāmkhyakārikā*, de Īshvarakrishna, *Manusmriti*, *Bhagavad Gītā*, además de extractos del *Veda*, traducido por Rammohan Roy en 1832.

1850: convierte el conocimiento de la cultura de los nativos estadounidenses en su prioridad.

Thoreau empieza un herbario en el que recoge 900 especies vegetales.

1851: junto con su familia, acoge a una familia negra que huye de Virginia y recoge dinero suficiente para pagarles el viaje a Canadá.

1853: Thoreau regresa a los bosques de Maine con su primo y un joven indígena, Joe Aitteon, de guía.

1854: la publicación de *Walden* es un gran éxito.

Se publica *La esclavitud en Massachusetts*.

Lee el *Vishnu Purāna*, lo que demuestra un vivo interés por la filosofía india.

Thoreau se posiciona a favor de Arthur Burns, esclavo negro fugitivo arrestado en Boston (*Fugitive Slave Act*).

1855: Thoreau contrae la tuberculosis.

1857: conoce a John Brown, partisano de la lucha armada contra la esclavitud, que acaba ahorcado por los esclavistas. Thoreau considera que las circunstancias justifican el uso de la violencia contra los esclavistas racistas.

1859: *Alegato por el capitán John Brown.*

1860: Thoreau sigue dando conferencias y haciendo excursiones. Hasta el final, continúa dialogando con sus amigos y toma partido a favor de los norteños, partidarios de abolir la esclavitud, durante la guerra de Secesión.

1862: fallece de tuberculosis el 6 de mayo en Concord a la edad de cuarenta y cuatro años.

1906: se publica su *Diario*.

BIBLIOGRAFÍA

OBRAS DE HENRY DAVID THOREAU

THOREAU, H. D., *Caminar*, traducción de David León, Editorial Alma, Barcelona, 2023.

—, *Querido Waldo: Correspondencia entre Ralph Waldo Emerson y Henry David Thoreau*, traducción de Alberto Chessa, Red Libre Ediciones, Madrid, 2018.

—, *Desobediencia civil y otros escritos*, traducción de M.ª Eugenia Díaz, Alianza Editorial, Madrid, 2012.

—, *Bosques de Maine*, traducción de Héctor Silva Miguel, Baile del Sol, Tenerife, 2007.

—, *The Indians of Thoreau. Selections from the Indian Notebooks*, Albuquerque, Hummingbird Press, 1974.

—, *El Diario*, Volúmenes I y II, traducción de Ernesto Estrella, Capitán Swing, Barcelona, 2017.

—, *Philosophe dans les bois. Pages du journal, 1837-1861*, prefacio de Roger Asselineau. Retrato de Thoreau por Ralph Waldo Emerson. Traducción y selección de Régis Michaudy y Simonne David. Nueva edición, París, Seghers, 1967.

—, *A week on the Concord and Merrimack Rivers*, Penguin Classics, 1998.

—, *Walden*, traducción de Carlos Jiménez Arribas, Alianza Editorial, Madrid, 2021.

—, *Matin intérieur et autres textes de jeunesse*, traducción de Laurent Folliot, Éditions Rivages, 2021.

Bhagavad Gītā, versión e introducción de Juan Mascaró, Penguin Clásicos, Barcelona, 2015.

La Bhagavadgītā, traducción de Óscar Pujol, Editorial Kairós, Barcelona, 2023.

Dhvanyālokalocana, Abhinavagupta, edición de Jagannathāt Pathāk, Vidyabhavan Sanskrit Granthamala 97, Varanasi, 1965.

Gorakṣa-vacana-saṃgraha, Collette Poggi, en colaboración con Claire Bornstain. *L'Alchimie du yoga selon Gorakṣa, Le Recueil des paroles de Gorakṣa, Le Recueil des paroles de Gorakṣa (XIIe s.), Gorakṣa-vacana-saṃgraha*, Les Deux Océans, París, 2019.

Īśvara-Pratyabhijñā-vivṛti-vimāsiñī (ĪPVV) (Glosa del comentario sobre «El reconocimiento del Señor» de Utpaladeva), por Abhinavagupta, Éditions Madhusudan Kaul Shastri, Chaukhamba Sanskrit Pratishtan, Delhi, 1991.

Código de Manú y otros textos, traducción de Alberto Blanco, Fondo de Cultura Económica, México, 2018.

Mahâbhârata: Serge Demetrian, Le Mahâbhârata conté selon la tradition orale, Albin Michel, París, 2006.

Tripūra-Rahasya. La doctrine secrète de la déesse Tripurā, traducción *de Michel Hulin*, Fayard, París, 1979.

Upanishads, versión e introducción de Juan Mascaró, Penguin Clásicos, Barcelona, 2021.

Los Vedas, edición y traducción de Juan Bautista Bergua, La Crítica Literaria, 2014.

Shivastotravalli de Utpaladeva (en *Bhakti*, traducción de Lilian Silburn).

Vinjāna Bhairava Tantra, traducción e introducción de Lilian Silburn, De Boccard, París, 1976.

Yogasūtra: Yogabhasya de Vyasa sur le yoga Sutra, traducción y comentario de Pierre-Sylvain Filliozat, Agamat, París, 2005.

Sept récits iniciatiques selon le Yoga-Vāsistha, traducción de Michel Hulin, Berg International, París, 1987.

ABRAM, D., *Comment la terre s'est tue. Pour une écologie des sens*, La Découverte Poche, París, 2021.

ARABI, I., *Le Livre de l'arbre et des quatre oiseaux*, trad. Denis Gril, Les Deux Océans, París, 1984.

ARENDT, H., *La condición humana*, traducción de Ramón Gil Novares, Ediciones Paidós, Barcelona, 2016.

AURELIO, M., *Écrits pour lui-même*, Les Belles Lettres, París, 1998.

BANSAT-BOUDON, L. , *Pourquoi le théâtre*, Mille et une Nuits, París, 2004.

BILLETER, J. , *Court traité du langage et des choses, tiré du Tchouang-tseu*, Éditions Allia, París, 2022.

BRAMLY, S., *Terre sacrée*, Albin Michel, París, 1992.

DE BRUYN, P., *Le Taoïsme. Chemins de découverte*, CNRS Éditions, París, 2014.

BUCHHOLZ, L., *Kogi. Leçons spirituelles d'un peuple premier*, Aluna, Muret, 2022.

CAMUS, A., *Cahiers I-III*, Gallimard, Folio, París, 2013.

CARPENTER, E., *Vers une vie simple*, L'Échappée, París, 2020.

CHRISTY, A., *The Orient in American Transcendentalism*, Octagon, Nueva York, 1932.

COURNAULT, J., *Thoreau, dandy crotté*, Éditions du Sandre, París, 2013.

COYAUD, M., *L'Empire du regard. Mille ans de peinture japonaise*, Phébus, París, 1981.

DAUMAL, R., *Bhârata, l'origine du théâtre, la poésie et la musique en Inde*, Gallimard, París, 2009.

DEBUSSY, C., *Monsieur Croche antidilettante*, Gallimard, Nouvelle revue française, París, 1926.

DEHAENE, S., CHANGEUX, J. y L. NACCACHE, «The Global Neuronal Workspace Model of Conscious Access», en Stanislas Dehaene e Y. Christen (dir.), *Characterizing Consciousness: From Cognition to the Clinic?*, Springer-Verlag, Berlín, Heidelberg, 2011, p. 55-84.

DESCOLA, P., *Diversité des natures, diversité des cultures*, Bayard, Les petites conférences, París, 2010.

DESNOS, R., *Les Portes battantes*, dans *Œuvres*, Gallimard, colección Quarto, París, 1999.

DUFRENNE, M., *Phénoménologie de l'expérience esthétique*, Presses universitaires de France, París, 2011.

EINSTEIN, E., *Mi visión del mundo*, traducción de Sara Gallardo y Marianne Bübeck, Tusquets, Barcelona, 2013.

EMERSON, R. W., *La autoconfianza y otros ensayos* [1847], traducción de Marta Rayuela Piñera, Editorial Letra minúscula, 2024.

—, *Ensayo sobre la naturaleza* [1836], traducción de Edmundo González Blanco, Baile del Sol, Tenerife, 2000.

—, *Thoreau*, Payot & Rivages, Rivages Poche, París, 2022.

FEUGA, P., *Tantrisme, doctrine, pratique, art, rituel*, Dangles, París, 2010.

GANDHI, *Hind Swaraj*, en *The Selected Works of Mahatma Gandhi*, ed. Shriman Narayan, v. 4, Ahmedabad, Navajivan, 1968.

GASPAR, L., *Approche de la parole*, Gallimard, París, 1978.

GIDE, A., *Los alimentos terrenales*, traducción de M.ª Concepción García-Lomas, Alianza Editorial, Madrid, 2015.

Les Grands Textes fondateurs de l'écologie, introducción de Ariane Debourdeau, Flammarion, Champs classiques, n.º 1077, París, 2013.

HALLÉ, F., *Un monde sans hiver. Les tropiques, nature et société*, Seuil, París, 2014.

HARRISON, R., *Forêts*, Flammarion, París, 1992.

HÖLDERLIN, F., *Poemas*, traducción de Eduardo Gil Bera, Penguin Clásicos, Barcelona, 2016.

JUNG, C. G., *Recuerdos, sueños, pensamientos*, traducción de Maria Rosa Borràs, Seix Barral, Barcelona, 2021.

LATOUR, D., «Henry David Thoreau ou les rêveries écologiques d'un promeneur solitaire», en *Les Chantiers de la création*, n.º 3, 2010 (https://doi.org/10.4000/lcc.244).

LÉVI-STRAUSS, C., *Tristes Trópicos*, traducción de Noelia Bastard, Austral, Barcelona, 2012.

Make prayers to the Raven, A Koyukun view of the Northern Forest, Chicago, University of Chicago Press, 1983.

Maine Woods, A Narrative of the Captivity and Adventures of John Tanner, Nueva York, 1830.

MASSON-OURSEL, P., «L'espace et le temps en Inde», en Jacques Masui (dir.), *Approches de l'Inde, tradition et incidences*, Les Cahiers du Sud, 1949.

MESCHONNIC, H., *Jona et le signifiant errant*, Gallimard, París, 1981.

MONIER-WILLIAMS, M., *A Sanskrit-English dictionary etymologically and philologically arranged with special reference to cognate Indo-European languages*, Nataraj Books, Springfield, 2017.

Monod, T., *Révérence à la vie*, Grasset, París, 2000.

Montaigne, M., *Ensayos*, traducción de Gonzalo Torné, José Miguel Marinas, Constantino Román y Salamero y Carlos Thiebaut, Penguin Clásicos, Barcelona, 2016.

Morizot, B., *L'Inexploré*, Wildproject, Marsella, 2023.

Müller, F. M., *Address delivered at the opening of the 9th International Congress of Orientalists (London, 5th September 1892)*, University Press, Oxford, 1892.

Pieds nus sur la terre sacrée, textos recopilados por Teresa Carolyn McLuhan, Gallimard, Folio Sagesses, París, 2014.

Pierron, J., *Je est un nous. Enquête philosophique sur nos interdépendances avec le vivant*, Actes Sud, Mondes sauvages — Pour une nouvelle alliance, Arles, 2021.

Poggi, C., *Gorakṣa, yogin et alchimiste*, Les Deux Océans, París, 2018.

—, *La Bhagavad Gîtâ ou l'art d'agir*, Équateurs, París, 2020.

—, *Âsana. Voyage au cœur des postures*, Éditions Almora, París, 2022.

—, *La Reconnaissance du Soi selon Abhinavagupta (Xe-XIe siècles). Présentation et traduction annotée de l'Īśvara-pratyabhijñā-vimarśinī, commentaire (des versets d'Utpaladeva) sur «La Reconnaissance du Seigneur»*, Éditions Almora, París, 2023.

Rabhi, P., *Vers la sobriété heureuse*, Actes Sud, Arles, 2021.

Rilke, R. M., *Worpswede, Sur le paysage*, traducción de Maurice Betz, Éditions Marguerite Waknine, coll. Livres d'art, Angoulême, 2017.

Sablé, E., *Tsu Yun, Le moine aux semelles de vent. Vie et paroles du dernier maître bouddhiste chinois*, Dervy, París, 2004.

Saint-Exupéry, A., *El Principito*, traducción de Bonifacio del Carril, Salamandra, Barcelona, 2022.

Shiva, V., *Monocultures de l'esprit* [1993], Wildproject, Marsella, 2022.

Silburn, L., *Aux sources du bouddhisme* [1977], Fayard, París, 1997.

—, *La Bhakti. Étude sur le śivaïsme du Kaśmir* [1964], De Boccard, coll. «Publications de l'Institut de civilisation indienne», París, 2013.

Tagore, R., *Œuvres*, Gallimard, Quarto, París, 2020.

—, *Sâdhanâ*, Albin Michel, Spiritualités vivantes, París, 2021.

—, «Université orientale» [1928], en *L'Inde et son âme, écrits des grands penseurs de l'Inde contemporaine*, Hachette-BnF, París, 2018.

Tesson, S., *Sur les chemins noirs* [2016], Folio-Gallimard, París, 2023.

TRAHERNE, T., *Les Centuries*, Arfuyen, París, 2011.
La Voix des sages indiens, Éditions du Rocher, Mónaco, 1994.
ZHONG MENGUAL, E., *Apprendre à voir*, París, Actes Sud, 2021.

ÍNDICE